CEO, 공자에게 길을 묻다

유학으로 배우는 가치경영

CEO, 공자에게 길을 묻다

한국국학진흥원 국학연구실 엮음

매일경제신문사

머리말

한국인의 기질과 한국의 풍토에 맞는 기업 경영 모델은 과연 무엇인가? 지금 우리는 일본과 미국 등 외국에서 들어온 수많은 경영이론의 홍수 속에 살고 있다. 이러한 환경 속에서 한국적 경영모델을 찾고자 하는 노력이 이어지고 있다.

《CEO, 공자에게 길을 묻다》는 한국국학진흥원 주관으로 2011년 한 해 동안 '유교와 경영'이라는 주제로 진행했던 네 차례의 전문가 포럼에서 발표한 결과물을 다듬어 묶은 것이다. 한국국학진흥원이 '유교'와 '경영'에 주목하게 된 것은, 한국의 전통적 가치 가운데 현대에도 여전히 효용성을 가지거나 오히려 현대사회에서 더욱 요구되는 가치를 발굴해 실제 생활에서 활용할 수 있도록 하자는 취지에서였다.

한국국학진흥원은 이미 오래 전부터 의미 있는 우리의 전통적 가치를 찾아서 그것을 현실화시키는 문제에 관심을 갖고 꾸준히 노력해 왔다. 2010년에는 준비 포럼을 통해 다양한 분야의 전문가들을 초청, 폭넓은 의견을 듣고 토론하는 과정을 거듭했다. 이러한 과정을 거쳐서 우선 연구과제로 정한 것이 '유교와 경영'이었다.

한국의 전통적 가치 가운데 가장 큰 비중을 차지하고 있는 것이 유학적 가치다. 또한 교육, 생태, 환경, 경영 등 다양한 영역 가운데 현장에서의 파급성과 실용성을 고려하면 유학적 가치가 적용될 수 있는 분야로서 경영이 가장 유망하다는 데 의견이 모아졌다. 이듬해에 본격적으로 진행된 포럼에서는 경영학, 정치학, 역사학, 철학을 전공하는 학자들과 경영 현장에서 실무에 종사했던 전문경영인들이 발표와 토론을 맡았다.

네 차례의 포럼을 통해 현대 경영의 문제점을 점검하고, 한·중·일 동아시아 역사 속에서 유학적 가치경영으로 성공한 사례를 발굴·검토했다. 또 한국적 경영 모델 정립을 위한 과제와 전망에 대해서도 토론했다. 포럼에서는 가급적 현장의 목소리를 많이 반영함으로써 논의 자체가 너무 학술적인 방향으로 흐르는 것을 경계했다. 특히 민경조 전 코오롱그룹 부회장, 서두칠 전 동원시스템즈 대표이사 같은 분들은 현장의 생생한 경험담을 통해 우리의 논의에 힘을 실어 주었다.

포럼을 통해 우리가 확인한 것 중 하나는 기업 경영자들은 유학적 가치를 경영 현장에서 활용하기를 원하지만 그 원리와 방법을 모르고 있다는 점이다. 반대로 인문학자들은 유학은 알지만 경영 현장을 경험한 적이 없다. 따라서 우리는 유학과 경영이라고 하는 가깝고도 먼 두 영역을 하나로 이어주는 것에 초점을 맞추었다. 포럼 발표자도 이런 역할을 가장 잘 할 수 있는 이들을 모시고자 했다. 토론자는 가급적 현장의 경험을 들려줄 수 있는 이들을 초빙코자 노력했다. 이 책은 바로 이러한 노력의 결과물이다.

경영 현장의 많은 CEO들이 이 책을 쉽게 읽고 이해할 수 있도록 하기 위하여, 포럼에서 발표된 글 가운데 지나치게 학술적이거나 논점에서 벗어나는 글은 제외했다. 그래서 최종적으로 여덟 편을 추렸다. 이 책에 실린 여덟 편의 글을 집필한 필자들은 전통적 가치의 현대적 활용이라는 시각에서 '유교와 경영'을 연구하고 있는 국내 대표적 연구자들이라 할 수 있다.

또 이렇게 선정된 글들은 주요 독자층인 현장 경영자와 직장인, 그리고 일반 교양인들이 쉽게 읽을 수 있도록 하기 위해 가다듬었다. 그리고 한 편의 글이 끝나는 지점에는 내용과 부합하는 현장의 사례를 발굴하여 미니박스에 담아 이해를 돕도록 했다. 글을 다듬는 작업은 경영에 대한 전문지식과 현장의 감각을 두루 갖춘 매일경제신문의 송성훈, 오재현 두 기자가 맡았다.

사실 경영이란 용어 자체가 고대 유교 경전인《시경》대아편(大雅

篇)의 "경지영지(經之營之)"란 말에서 나온 것이고 보면, 유학과 경영은 내면적으로 불가분의 관계에 있다고 할 수 있다. 그럼에도 불구하고 지나치게 세분화된 현대사회 속에서 별개의 영역처럼 여겨져 온 것이다. 또한 경영이라는 말은 글자 그대로 기업 경영뿐만 아니라 인생 경영의 의미도 포함하는 것이다. 따라서 이 책은 기업 경영이나 비즈니스에 종사하는 사람들만 읽어야 하는 책은 아니고, 사업이든 인생이든 가족이든 경영할 대상이 있는 모든 사람들이 읽어야 할 책이다.

아무쪼록 이 책이 전통적 가치가 쓸모없는 낡은 가치가 아님을 인식하고 한국인의 체질과 문화에 맞는 한국적 경영 모델을 정립하는 데 작은 초석이 되기를 바란다. 이 책이 나오기까지 포럼에서 발표와 토론을 마다하지 않은 많은 학자와 경영자에게 감사의 말씀을 드린다. 한국국학진흥원은 앞으로도 전통적 가치의 현대적 발굴과 활용을 위한 학술적 연찬과 더불어 학술과 현장을 잇고 소통시키는 작업을 계속 추진할 계획임을 밝힌다.

한국국학진흥원 국학연구실

Contents

머리말 … 4

Part 01 현대 경영의 문제점과 대안

현대 경영의 문제점과 유교적 가치경영 … 15
1. 경영은 왜 유교에 주목하는가 … 15
2. 현대 경영의 이해 … 21
3. 현대 경영의 문제점 … 31
4. 유교의 경제관 … 38
5. 한국인의 유교적 가치와 경영방식 … 40
6. 현대경영을 위한 유교의 변신 … 45

미니박스 ① 사우스웨스트 펀 경영 … 51

공자에게 경영을 묻다 … 52
1. 논어에 담긴 '현대 경영' … 52
2. 덕(德)의 리더십 … 57
3. 공자의 신(信)과 현대 경영의 트러스트 … 62
4. 공자는 지식경영의 대가 … 67
5. 논어에 담긴 '창의력 자본주의' … 73

미니박스 ② 포스코의 인문경영 … 82

Part 02 동아시아 역사 속 유교경영

상인, 유학을 실천하다: 중국 상인과 유가문화 ··· 85
  1. 중국과 유가문화 ··· 85
  2. 중국 상업의 형성 ··· 87
  3. 상업에 대한 인식 변화 ··· 89
  4. 고대의 상인들 ··· 94
  5. 송(宋), 사대부와 상업의 만남 ··· 98
  6. 명(明), 상인 천하를 논하다 ··· 103
  7. 유상(儒商), 21세기를 그리다 ··· 113

  미니박스③ 사이먼프로퍼티 그룹의 자산관리법 ··· 115

개성상인의 경영이념 ··· 116
  1. 경영이념 형성 ··· 116
  2. 개성상인의 경영이념 ··· 119
  3. 개성상인, 유교적 가치를 실천하다 ··· 128
  4. 일제시대 개성상인 출신 기업가의 경영이념 ··· 130
  5. 해방 이후 개성상인 출신 기업가의 경영이념 ··· 137
  6. 유교가치경영의 실천 ··· 140

  미니박스④ 버진 그룹의 도전 ··· 142

혜강 최한기의 인간경영 ⋯ 143

1. 마지막 실학자 혜강 최한기 ⋯ 143
2. 최한기의 인도(人道)철학 ⋯ 146
3. 사람을 헤아리는 법 ⋯ 153
4. 사람을 가르치는 법 ⋯ 159
5. 사람을 선발하는 법 ⋯ 163
6. 사람을 쓰는 법 ⋯ 167

미니박스 ⑤ '인재가 핵심' LG화학의 경영철학 ⋯ 172

살아 있는 경영의 신, 이나모리 카즈오의 경영철학 ⋯ 173

1. 유학과 경영철학 ⋯ 173
2. 이나모리 카즈오의 인생철학 ⋯ 177
3. 이나모리 카즈오의 심본주의 경영 ⋯ 186

미니박스 ⑥ 가족문화를 공략한 일본기업 가오(花王) ⋯ 192

Part 03 유교와 경영의 대화

군자 리더십, 기업 경영에 적용 가능한가 ... 195

1. 사서(四書)에서 그리는 이상적인 지도자 군자 ... 197
2. 군자에게 요구되는 핵심 덕성 인(仁) ... 199
3. 먼저 자기를 개발하는 수기치인(修己治人) ... 202
4. 화(和)로 인간관계를 관리하라 ... 207
5. 현대 경영의 군자 리더십 ... 211

미니박스 ⑦ 시어스(Sears) 백화점의 종업원 제일주의 ... 223

유교, 경영을 말한다 ... 224

1. 유교와 경영, 지금 왜 이슈인가? ... 224
2. 유교가 경영에게 하고 싶은 말 ... 227
3. 유교와 경영이 함께 가야 할 길 ... 242

미니박스 ⑧ 로레알의 열린 대화 공간 ... 248

집필진 ... 250

Part 01

현대 경영의 문제점과 대안

현대 경영의 문제점과
유교적 가치경영

류수영(충남대학교 교수)

1. 경영은 왜 유교에 주목하는가

 '태양이 처음 떠오른 이래 새로운 것은 존재하지 않는다'라는 말이 있다. 인간의 아이디어는 역사 속에서 돌고 돌기 때문에 결국 과거의 틀을 벗어나기 어렵다는 뜻이다. 이런 이치를 미리 간파하면 일하기 편해진다. 새로운 아이디어를 찾기 위해 비효율적으로 시간과 노력을 쏟는 대신 고전을 보면 의외의 답을 손쉽게 구할 수 있다. 최근 경영학계에는 인문학 접목이 유행처럼 번지고 있다. 인문 고전에서 '오래된 미래'를 찾아 현대 경영에 입히는 혜안을 활용하기 위해서다.
 경영은 특히 두 가지 측면에서 유교에 주목하고 있다. 하나는 거래비용 측면, 다른 하나는 문화적 소프트웨어 측면의 기능성 때문이다.

사회적 신뢰 붕괴로 거래비용 급증

먼저 거래비용 측면이다. 경영·경제 분야에서는 모든 거래에 비용이 발생한다는 것을 가정하고 있다. 예를 들어 상품과 판매자에 대한 정보를 탐색하는 비용, 계약서 작성에 드는 비용, 거래당사자들의 도덕적 해이로 인해 발생하는 분쟁을 해결하는데 소요되는 비용 등을 들 수 있다. 이처럼 여러 가지 거래비용 중 상당 부분을 차지하고 있는 것은 감시비용이다. 즉, 상대가 나를 속이지 않고 약속을 잘 이행하고 있는가를 감시하는 데 상당한 비용이 지출된다.

우리가 흔히 성과급이라고 하는 스톡옵션(Stock Option)도 사실 전문경영인의 도덕적 해이를 방지하기 위해 고안된 임금체계라는 것을 상기하자. 감시비용의 크기가 얼마나 큰지 추측할 수 있을 것이다. 감시비용을 포함한 거래비용은 신뢰가 낮은 사회일수록 높다. 그만큼 상대를 감시하고, 분쟁이 발생했을 때 이를 해결하기 위해 많은 경비가 지출되기 때문이다.

한국은 상대적으로 짧은 시간에 경제·사회·정치를 포함한 다방면에서 초고속 성장을 이루었다. 그러나 빛과 그림자는 항상 공존하듯 고속성장에 따른 성장통을 겪으며 소중한 사회적 자산을 잃어가고 있다. 대표적인 예로 공동체의식을 들 수 있다. 또 '말 안 해도 내 마음을 알아주겠지' 하는 역지사지(易地思之)의 심리적 계약이 더 이상 적용되기 힘들다.

쌍방이 자신의 이익을 침해받지 않기 위해서뿐 아니라, 오히려 상대를 속이고 기만해서라도 더 많은 이익을 챙기기 위해 법에 의존하는 일이 다반사다. 상대를 감시하고 나의 이익을 보호받기 위한 사회적 비용이 증가하고 있는 것이다.

경제개발기간 동안 한국인들은 시장 전체의 파이를 키우는 것에만 관심이 있었다. 대기업이 정부의 전폭적인 지원을 받으며 성장할 때도 '대의를 위해서는 작은 희생은 감내하고 참아야 한다. 언젠가는 좋은 날이 있겠지'라는 노사 간 심리적 계약을 통해 기업을 가정의 연장선으로 인식했다. 그렇게 30여 년의 세월을 버텨냈다. 그 결과 우리 국가경제는 세계가 주목할 만큼 성장했고, 세계적인 기업들을 다수 보유하게 되었다.

그러나 고속성장을 마치고 난 현재, 많은 것들이 바뀌었다. 특히 노사관계가 그렇다. 해외 투자자들은 한국 기업의 잦은, 그리고 장기적으로 치러지는 노사분쟁을 매우 불안하게 생각한다. 대립적 노사관계의 원인은 다양하게 찾아볼 수 있다. 가장 근원적인 것은 상호에 대한 신뢰가 무너졌기 때문이다. 이 때문에 가장 폭력적이고 파괴적인 형태의 협상을 쌍방이 진행하고 있는 것이다. 그러나 유교적 가치는 이 같은 상황을 타개할 수 있는 해결책을 가지고 있다.

지속 가능한 경영비전 수립을 위한 문화적 소프트웨어

유교는 문화적 소프트웨어 측면에서 중요한 역할을 기대하게 만든다. 특히 비전 수립과 관련해서 결정적인 원료가 될 수 있다. 해방 후 우리는 성장만을 위해 달렸다. 1970년대 일본의 소니(SONY)가 '사업보국(事業報國)'의 비전을 갖고 매진했듯, 우리나라 많은 기업들은 세계 선도기업을 따라 열심히 달렸다. 덕분에 지금 우리는 국민소득 2만 달러시대에 살고 있다. 기업들도 많은 연륜을 쌓았다. 60년 이상 된 기업이 다수 존재하고, 이들 기업 중 몇몇은 각 산업 분야의 글로벌 리더로 자리매김했다. 이제는 "저 기업을 잘 모방해서 따라가자"가 아니라 앞에서 누군가의 역할모델이 되어 "나를 따르라"라는 위치에 서 있는 것이다.

하지만 이 같은 위치에 올라선 기업들은 요즘 심각한 고민에 빠져 있다. 글로벌 기업으로서 지속 가능한 경영을 하기 위해서는 세계적 보편성을 가진 자신만의 기업 경영의 철학과 비전, 즉 사람을 꿈꾸게 하고 함께 그 꿈을 실현하는 데 동참하게 만들 가슴 뛰는 생생한 비전이 필요한데, 이것이 부재하기 때문이다. 유교가 이러한 소프트웨어적 문제를 해결하는 일에 중요한 역할을 해줄 수 있을 것이라는 직감이 경영 리더들 사이에 교류되고 있다.

최근 서울대를 비롯한 유수 대학에서 운영하고 있는 최고경영자들을 대상으로 한 인문학 강좌 프로그램에 대한 인기는 유교와 경영의 관계에 대한 높은 관심을 반영하는 것이라 할 수 있다.

예전에는 노사가 하나의 분명한 목표, '성장하자'는 것에 대한 공유된 합의가 있었다. 그래서 몇몇 전문가들은 한국의 성장 이유를 '신바람'이라는 개념으로 설명하기도 했다. 하지만 지금은 그 용어 자체를 사용하기 어려운 상황이다. 갈수록 경쟁이 심해지면서 회사와 구성원들의 관계는 서구의 계약 기반 관계처럼 이익에 따라 스위치가 켜졌다 꺼졌다 하는 것으로 변질되어 가고 있다.

　이제 회사는 더 이상 신바람 나는 공간이 아니다. 무한경쟁에서 살아남아야 하는 전쟁터로 변화되어 가고 있다. 동료와 상사는 과거의 형제자매 같은 우정과 신뢰를 형성하는 대상이기보다는 언제나 경쟁하고 때로는 나를 기만하고 이용하지 않을까 경계해야 하는 대상이 되고 말았다.

　이러한 가운데 재벌 총수들은 연초 혹은 연말이면 으레 "이대로는 안 된다. 위기다. 더 열심히 뛰어야 한다. 변화해야 한다"고 목청을 높인다. 하지만 구성원들은 성과에 대한 더욱 심한 스트레스와 긴장을 가지게 될 뿐이다. 왜 뛰어야 하는지, 무엇을 위해 뛰어야 하는지, 어떻게 뛰어야 하는지, 그리고 열심히 일하고 나서 돌아봤을 때 나와 회사의 모습은 어떻게 변화되어 있을 것인가에 대해 생생하고 명쾌한 설명이 부재하기 때문에 '또 쥐어짜는구나'라는 반발심과 부정적 태도를 가지게 된다.

　이즈음에서 유교가치가 실현되어 있는 대동사회의 모습을 다시 한 번 떠올릴 필요가 있다. 대동사회에 대한 구체적인 내용은 유교 경전으로 불리는《예기》의 '예운편'에 설명되어 있다.

"큰 도가 행해지자 천하가 공공(公共)의 것이 되었고, 어진 이와 능력 있는 사람을 선출하여 관직에 임하게 되었고, 신실(信實)함을 서로 강습하고 친목(親睦)을 두텁게 했다. 그러므로 사람들은 각자의 부모만을 부모로 여기지 않았고, 각자의 자식만을 자식으로 여기지 아니했다. 노인에게는 그의 생애를 편안히 마치게 했으며, 장정에게는 충분히 일할 수 있게 해주었고, 어린이에게는 마음껏 성장할 수 있게 했으며, 과부, 고아, 불구자, 질병에 걸린 자에게는 모두 부양(扶養)받을 수 있게 했으며, 성인 남자에게는 직분(職分)을 갖게 했고, 여자에게는 그에 합당한 남편을 갖게 했다.

재화가 헛되이 낭비되는 것을 미워하였으나 반드시 자기만 사사로이 독점하지 않았으며, 힘이란 것은 사람의 몸에서 나오지 않으면 안 되는 것이지만 그 노력을 반드시 자기 자신의 사익을 위해서만 쓰지는 않았다.

이러한 까닭으로 간사한 꾀를 부리는 자가 없었고, 도둑이나 난적(亂賊)이 일어나지 않았으며, 그리하여 대문을 열어둔 채 닫는 일이 없었다. 이러한 세상을 대동이라 일컫는다."

대동사회를 실현하기 위한 전제조건이 있다. 첫째, 어진 이와 능력 있는 사람을 선발하여 우선적으로 높은 지위를 부여하고, 둘째 구성원들 간 신뢰감을 형성할 수 있는 조직분위기를 조성하는 것이다. 이것이 실현되었을 때 구성원들은 자신의 이익만을 내세우지 않고 주인의식을 가지게 된다. 자발적인 협동이 이루어지는 것이다.

미국에서 가장 일하기 좋은 기업으로 꼽히는 SAS는 이 같은 대동사회와 흡사한 면모를 보여주고 있다. SAS는 엄청난 비용을 임직원의 복리후생에 투자했다. 이를 악용하는 부작용이 나올 법도 하지만, SAS의 구성원들은 이를 악용하지 않고 자기정화시스템에 의해 더 열심히 일하고 더 우수한 상품을 개발해내는 데 집중했다. 그래서 창업자인 짐 굿나잇(Jim Goodnight)은 자신의 경영방식을 "자선이 아니라 현명한 투자"라고 설명한다.

유교적 가치는 경영자들에게 21세기를 이끌어 갈 수 있는 정신적 요체, 즉 북극성 같은 지표가 될 수 있는 비전을 수립하는 데 도움을 준다. 전 세계적으로 오래 살아남은 기업들과 존경과 성과를 함께 창출하는 기업들은 단순하게 "수익을 높이자"라고 외치지 않는다.

그들은 수 세기를 지속할 수 있는 보편적이고 고상한 핵심 이념과 가치를 가지고 있다. 또 이것이 실현되었을 때 인류를 포함한 생명체의 존엄성을 지키는 데 도움이 되는 분명한 존재 이유를 전 구성원들과 함께 공유하고 있다. 그리고 이를 투철한 신념과 의지를 가지고 실천한다.

2. 현대 경영의 이해

경영학을 논할 때 제일 먼저 이야기되어야 하는 것은 조직에 대한 정의다. 조직을 어떻게 정의하는가에 따라 이와 관련된 제반 용어들과 강조점들이 달라지기 때문이다.

지금부터 조직의 본질에 대한 이해와 경영학의 발전 과정에서 인간, 조직, 그리고 이윤추구활동에 대한 가정들을 살펴보기로 한다.

갈등시스템으로서 조직

전통적인 조직에 대한 정의는 개개인이 달성하기에 어렵거나 불가능한 목표를 공동의 노력과 협동을 통해 달성하는 것에 동의한 사람들이 모여 있는 집합체다. 이때 조직은 공동의 목표가 있어야 하고, 이것을 달성하기 위한 지속적인 상호작용이 있어야 한다. 그리고 공동의 노력과 협동에 합의한 것으로 가정한다.

즉, 효율적이고 효과적인 '협동시스템'으로 정의되는 것이다. 이와 같이 조직을 협동시스템으로 파악한 대표적인 연구자가 바나드(C.I.Barnard)다. 그는 조직에 대해 구성원들이 노력과 협동을 통해 공헌하면, 조직은 개개인에게 임금과 고용 상태의 지속과 같은 피드백을 통해 보상하는 균형시스템으로 파악했다.

조직이 협동시스템으로 유지되기 위한 전제조건이 있다. 바로 구성원들이 순수한 본성을 훼손하지 않고 유지하는 것이다. 협동시스템은 조직이 맹자의 성선설에서 가정한 선(善)의지를 지닌 인간들의 집합체일 때 실현 가능하다.

균형시스템으로서의 조직

개인   조직
공헌   보상

한편, 칼 막스는 조직을 다양한 하부조직들이 한정된 자원과 권력을 놓고 끊임없이 갈등하는 '갈등시스템'으로 봤다. 그리고 하부 조직들 간 갈등이 변화와 변동을 낳고, 이를 통해 발전과 진화를 반복하는 것으로 가정한다. 실제로 조직 내 하위 집단들은 보다 많은 자원과 영향력, 그리고 지속성을 보장받기 위해 내부 집단들과 경쟁한다.

이 경쟁이 심하면 조직의 생존을 위협하기도 한다. 조직이 갈등시스템으로서 기능하게 되는 주된 이유는 행위자들이 각자 자신의 이익을 추구하기 때문이다. 이는 순자가 인간의 본성이 선하다는 것을 확신할 근거는 희박한 반면 쉽게 유혹에 이끌리므로 예의와 제도에 의해 규제해야 한다고 주장한 것과 통한다.

이에 필자는 현대 조직의 본질을 협동시스템이라기보다는 갈등시스템으로 이해하는 것이 조직행동을 이해하는 데 도움이 된다고 제안한다. 그 이유는 협동과 갈등 중 어느 것이 보다 자연 상태에서 흔히 발견될 수 있는 현상인가를 살펴보면 확인할 수 있다. 아무런 의도적인 조치를 취하지 않은 자연 상태에서 갈등과 경쟁은 일상생활에서 항상 목격되는 자연스러운 현상이다.

자연생태에서 개체들은 제한된 공간영역에서 먹이 같은 공통 목표물을 놓고 경쟁하며 갈등한다. 그러나 인간은 갈등과 경쟁이 가져오는 무질서의 공황 상태를 피하고 서로를 안전하게 지키기 위해 법, 규범, 관습과 관행, 예의 등의 다양한 사회·제도적 장치들을 마련하여 극도의 긴장과 공포에서 벗어나려 노력했다.

같은 원리로 세계경제라는 경영환경 내에 다양한 산업 분야들과 동일한 산업 분야 내 개체(조직)들은 사업 영역과 시장 지배력, 경제적 이익 등을 놓고 치열하게 경쟁하고 갈등한다. 이는 한 조직이라고 해서 다를 바 없다. 특정조직의 규모와 시장에서의 지배력, 자원 등은 매우 제한되어 있다. 조직을 구성하고 있는 다양한 하위부서들은 각자가 직면하고 있는 환경의 불확실성 차이로 인해 조직이 직면하고 있는 환경 해석에서 갈등과 긴장을 경험하게 되며, 조직 내에서 보다 많은 자원과 발언권을 획득하기 위해 다른 부서들과 경쟁한다.

따라서 협동이라는 행동은 대단히 부자연스럽고 인위적인 노력의 결과물로 인식되어야 한다. 우리는 개인 간, 혹은 조직 간, 그리고 조직을 구성하고 있는 하위 부서들 간에 일정기간 협동하는 모습을 종종 목격하게 된다. 그 이유는 개별적인 경쟁보다는 협력이 목표를 도달하는 데 더 효용적이기 때문이다. 만일 상황이 변화되어 개별경쟁이 협력보다 더 효율적이라면 협력에 대한 노력들은 철회될 것이다.

경영조직은 이익추구를 궁극적 목표로 하는 특수한 조직 형태다. 과거 경영조직은 오늘날 현대 경영조직과 비교할 수 없을 정도로 그 영향력이 미비했다. 일정한 지역을 기반으로 필요한 재화와 서비스를 시장에 제공하고 이득을 취했으나, 그 규모가 작았으므로 고용효과라든지 이해집단에게 행사하는 영향력 또한 오늘과 비교할 때 매우 제한적이었다. 따라서 비록 이익을 추구하는 행위자 집단들 간의 경쟁과 갈등이 발생하더라도 그들 간 자정 능력과 국가집단의 공권력에 의해 충분히 통제가 가능했다.

그러나 오늘날 기업집단의 경영·경제활동은 그 활동무대가 특정

지역의 경계를 넘어 범세계로 확장되어 있다. 그 영향력 또한 세계적 수준에 이르고 있다. 즉 무한경쟁과 갈등의 시대에 직면하고 있는 것이다. 오늘날 제기되는 현대 경영조직의 문제점들은 바뀐 시장환경, 즉 과거의 제한된 영역에서 통제 가능한 수준의 갈등과 경쟁을 통한 이익추구 수준을 넘어서서 범세계적 지역을 무대로 무한대의 경쟁과 갈등을 통해 무한대의 이익을 추구하는 데서 파생되어 나오는 것이다.

현대 경영의 문제점을 경영학의 발전 과정을 통해 추론하면 근본적인 문제를 이해하는 데 도움이 된다.

경영학의 발전 과정

현대 경영학의 문제점을 이야기하기 위해서는 우선 경영학의 발전 과정과 현대 경영학의 특징을 이해할 필요가 있다. 현대 경영학은 경영학의 아버지라 일컬어지는 테일러(F. Taylor)의 과학적 관리로부터 출발한다. 과학적 관리란 조직을 합리적 생산시스템으로 간주하여 전문화에 따른 분업화와 동작 및 시간연구를 통해 시간 단위당 노동생산력을 최대화하여 이를 차별성과급으로 보상하는 것을 의미한다.

예를 들어 테일러는 작업관찰을 통한 동작 및 시간연구를 통해 한 사람이 삽으로 흙을 퍼서 옮길 때의 최적양은 5.6kg이며, 1일 최적생산량은 4만 7,500kg이라는 것을 찾아냈다. 그리고 이 노동에 필요로 하는 사람은 금전에 대한 강한 동기와 우직함, 그리고 지적으로 다소

열등한 사람이 가장 적합하다고 했다. 그 이유는 흙을 퍼 나르는 일과 같은 단순 반복적인 노동에서 높은 지적 능력이라는 것은 아무 의미가 없기 때문이다.

과학적 관리의 대표적인 사례로 포드의 T모델 자동차 생산 과정에 대한 분석이 있다. 포드의 자서전에 다음 문구들이 이를 잘 보여준다. "이 공정 중 949개는 육체적으로 강한 숙련공이 필요하다. 3,338개의 공정은 보통 체력의 남자면 되고, 나머지 공정은 여성이나 어린 아이라도 할 수 있다.

또 이 가운데 670개의 공정은 두 다리가 없는 노동자도 충분하며, 2,637개의 공정은 한쪽 다리가 없는 노동자도 할 수 있다. 두 팔이 없는 직공이 할 수 있는 공정은 2개 있으며, 715개의 공정은 외팔이 직공이라도 된다. 눈먼 직공이 할 수 있는 공정은 10개나 있다."

그리고 아래의 표는 1919년 포드 자동차가 과학적 관리기법에 따라 공장을 가동한 결과 경쟁 자동차 회사를 모두 합친 노동력의 약 20%로 동일한 생산량과 시장점유율을 차지하고 있음을 보여주고 있다.

1919년 포드 자동차의 점유율과 생산성

자동차 회사	종업원 수	판매대수	시장점유율
포드	1만 3,000명	26만 720대	48%
기타 회사들	6만 6,350명	28만 6,770대	52%

출처: 문일택, 《헨리포드에서 정주영까지》, 한언출판사, 1998.

그러나 과학적 관리는 찰리 채플린이 주연한 영화 〈모던 타임즈〉에서 주인공이 동일한 동작을 수없이 반복함으로써 신체적 장애와 정신질환 야기의 문제, 엄격한 감시와 통제에 의한 인간에 대한 존엄성 상실의 문제를 말한다. 그리고 '시간=돈'의 방정식은 영화에서 묘사되어 있듯 인간의 기계화와 노동으로부터 인간의 소외라는 비판을 받게 된다.

과학적 관리에서 가정하고 있는 인간관은 경제인과 전형적인 X-Y형으로 설명할 수 있다. 경제인 가정은 인간은 이기적이고, 사익을 쫓으며, 최소비용으로 최대이윤을 추구한다는 논리에 기반을 두고 있다.

이는 동양철학사에서 순자의 성악설에 비유될 수 있을 것이다. 그리고 X형, Y형 인간관은 사람을 천성이 게으르고 무지하며 당근과 채찍 같은 자극이 주어져야만 행동하는 대다수의 X형 사람(근로자)과 금전 혹은 처벌과 같은 자극이 없어도 주체적으로 동기를 부여할 수 있고 논리적으로 사유하고 능동적으로 행동할 수 있는 Y형 사람(관리자)으로 이분화한다. 그리고 Y형이 X형을 잘 감시 및 통제해야 한다고 가정한다.

이는 동양의 유교에서 가정하고 있는 군자와 소인의 유형으로 비유될 수 있을 것이다. 당시 지배자 계층의 소수의 사람들만이 문맹을 탈피할 수 있는 기회가 주어져 학문을 할 수 있었다. 또 이를 통해서 이치를 깨달을 수 있는 기회에 노출될 수 있었다. 따라서 학문을 통해 지식과 도덕적 인격을 갖춘 지배자가 다수의 무지하고 쉽게 이익의 유혹에 이끌리는 군중을 이끌어갈 권리와 의무가 주어졌다고 할 수 있다.

따라서 근로자를 바라보는 전형적인 관리자의 시각은 자기이익을 극대화하기를 희망한다. 경우에 따라서는 타인을 기만하고 속여서라도 경제적 이익의 목적을 궁극적으로 달성하고자 하는 경제인, 자기동기부여가 결핍되어 있는 X형 인간, 그리고 유혹에 의해 쉽게 넘어가는 소인이다. 그리고 이들을 관리하는 기제는 당근과 채찍이며, 조직은 당면 목적을 효율적·효과적으로 달성하기 위한 감시와 통제시스템으로 간주된다.

그리하여 과학적 관리 원리에 따른 경영기술은 임금에 대한 동기를 극대화하여 쉬지 않고 일하게 만드는 것에 초점을 두고 있다. 따라서 근로자들은 동료들 간 누가 더 열심히 일하여 많은 임금을 받게 되는가를 놓고 경쟁한다. 연속공정기술 같이 한 사람의 과업이 다른 사람의 업무에 연결되도록, 즉 상호의존적인 작업설계를 통해 지속적인 노동을 할 수밖에 없도록 설계하는 것이 전형적인 과학적 관리에 의한 직무설계라 할 수 있다.

그러나 이러한 합리적 생산기술 관점은 엘튼 메이요(Elton Mayo) 하버드대 교수가 호손공장에서 진행한 연구를 계기로 도전 받게 된다. 근로자가 경영자로부터 노동수단이 아닌 주체로서 관심을 받고 있다는 '느낌과 해석' 자체가 생산성에 영향을 미친다는 심리적 상태의 중요성이 발견됐기 때문이다. 그리고 당근과 채찍에 의해서만 관리될 수 있다는 근로자의 피동성에 대한 가정에서 적극적으로 자극을 탐색하고 능동적으로 정보를 처리하며 주체적으로 해석하는 '인지인(認知人, Cognizer)' 가정으로 발전하게 된다.

 이 같은 관점 전환은 인간의 심성과 이것에 영향을 미치는 다양한 환경적 요인에 대한 관심으로 영향을 미친다. 경영학에서 인간관계론을 발전시키게 되었다. 그리고 '어떻게 하면 사람의 심적 상태를 긍정적으로 만들어서 생산성을 높일 수 있을까'와 같은 동기부여에 대한 관심을 불러일으켰다.

 경영학에서 인간과 동기에 대한 관심은 조직에 대한 관점에도 영향을 준다. 이전에 합리적 생산기술시스템에서 가정하던 합리성에 대한 가정과 경제인에 대한 가정, 그리고 효율적인 감시와 통제시스템으로써 조직은 인지인, 합리적 대안이 아닌 만족스러운 대안을 선택하는 관리모형, 그리고 조직은 단순히 기술시스템이 아니라 사람들이 모여서 상호작용하는 사회기술시스템으로 이해되기 시작했다. 그리고 만족한 개인이 생산성이 높다는 가정 하에 다양한 동기부여 기법들이 제안되기 시작하면서 인간의 심적 요인으로 모든 것들이 회귀하기 시작했다.

 호손의 실험 결과 발표 후 경영학은 높은 성과를 내기 위한 한 가지의 최선안이 존재한다는 가정을 버렸다. 대신 상황에 따라 최적의 다양한 방법이 존재한다는 이인동과성(異因同果性)을 핵심으로 하는 상황이론, 전략이 조직구조를 결정짓는다는 조직전략론, 의사결정자의 사회 연결망 구조와 강도에 따라 기업행동이 달라진다는 사회연결망이론, 인적 사회 연결망이 자본으로서의 역할을 수행한다는 사회자본이론, 사회·문화 및 제도적 환경이 조직구조와 행동을 결정짓는다는 신제도론, 기업이 속해 있는 생태적 환경이 기업행동을 이해하는데 중요하다는 조직생태학 이론 등 무수히 많은 이론들이 기업의 행동을 설명하기 위해 등장했다.

한편 정보통신기술과 교통의 발달은 세계화, 지구촌화를 촉진할 뿐만 아니라 인터넷이라는 가상의 경제공간을 생성하기에 이르렀다. 이는 경영·경제활동 영향력이 특정지역에 국한되지 않고 전 세계에 미치도록 했다. 또 제품과 서비스의 확산뿐 아니라 사상(思想)의 전이와 확산을 촉진시키는 데도 기여했다. 그리하여 서구의 많은 가치들이 내포되어 있는 경제이론들과 경영 프로그램들이 동양사회에 선진사상 형태로 전수되었다. 뿐만 아니라 유튜브 같은 응용프로그램을 통해 전 세계에서 일어나는 해외 토픽을 거의 실시간에 가깝게 확인할 수 있게 됐다.

이 같은 환경 변화는 경영조직에서 인간과 조직, 그리고 관리에 대한 전면적인 재정립의 필요성을 제기한다. 예를 들어 과거 특정지역을 근거로 경영활동을 했던 조직에서는 그 지역에서 보편적으로 여겨지는 사회적 가치에 기반하여 관리를 하면 큰 문제가 없었다. 하지만 오늘날 경영조직은 다국적, 다가치, 다인종, 성별, 종교 등의 다양성을 어떻게 관리해야 할 것인가를 고민해야 한다.

또한 정치적 민주주의의 확산으로 인해 기업은 다양한 이해관계자들로부터 자유와 평등, 그리고 공정함의 가치가 경영조직의 운영에서도 적용되기를 요구 받고 있다. 이에 따라 최근 경영투명성, 경영윤리, 기업의 사회적 책임, 기업의 평판과 가치 등이 기업 생존에 영향을 미치는 결정적인 중요한 요인들로 간주되고 있다.

3. 현대 경영의 문제점

도구로서의 인간과 목적으로서의 인간

경영이론의 발전 과정에서 살펴본 인간, 조직, 이윤추구활동에 대한 가정을 바탕으로 현대 경영조직이 직면하고 있는 몇 가지 과제들을 살펴보자.

과학적 관리 관점에서 살펴보았듯이 고전 경제·경영의 입장에서 조직구성원은 생산을 위한 도구 이상의 것이 아니었다. 동작·시간연구에서 제안된 통계 수치들이 가정하고 있는 기본 전제는 기계와 같이 동일한 속도로 동일한 품질의 노동을 지속적으로 산출할 수 있다는 것이다. 그러나 사실은 이와 일치하지 않는다. 인간은 동일한 속도로 전력 질주하여 마라톤을 완주할 수 없듯, 일정한 시간이 지나면 근피로도에 의해 집중력이 떨어지고 생산량이 하락한다.

그럼에도 불구하고 과학적 관리에서 지향하고 있는 '어떻게 하면 스마트하게 일할 것인가'에 대한 고민은 '어떻게 하면 단위시간당 생산량을 극대화할 것인가'에 집중하게 만들었다. 결과적으로 인간에게 휴식과 자유를 박탈하고, 인간의 자유의지와 존엄성을 말살시키며 오직 돈에 의해 동기부여되는 노예로 전락했다. 조직에서 인간은 이윤추구를 위한 생산도구일 뿐이다. 이는 인간존중의 경영 화두를 열었다고 하는 호손의 연구 이후에도 크게 달라지지는 않았다.

인간의 심리적 상태에 대한 관심과 이에 대한 조작이 생산성에 영향을 미친다는 사실의 발견은 과거 급여에 의한 동기부여보다 고급화되고 문명화된 옷으로 바꿔 입게 만들었을 뿐 도구로서의 인간에 대한 가정을 크게 달리하지는 않았다. 일례로 인간존중의 경영 실천을 표명했던 많은 기업들이 위기에 직면했을 때 제일 먼저 하는 것이 구조조정, 즉 인력 감축과 다양한 복지제도 폐지임을 보면 이를 쉽게 확인할 수 있다.

도구로서의 인간에 대한 관점은 필연적으로 고용자와 피고용자 사이에 지속적인 거래비용을 양산하게 만든다. 저명한 경제학자 올리버 윌리암슨(Oliver Williamson)은 이해당사자 사이에 서로에 대한 관리감독과 협상 등에는 일정한 비용이 들며 이를 거래비용으로 정의했다. 계약에 기반한 인간관계는 비용편익분석이 모든 관계의 기초가 된다. 비록 강조점이 상이하더라도 기본적으로 서구 경영이론이 가정하고 있는 관계는 거래적 관계에 기초를 두고 있다.

따라서 '무엇을 위해서 어떤 것이 얼마나 효용을 가져다 주는가'가 모든 의사결정에서 가장 중요한 기준이 된다. 이는 경영자와 고용자의 관계에서 긴장과 갈등관계를 상시적으로 생성하게 되고 경우에 따라서는 파업과 공권력의 개입, 직장 폐쇄 같은 폭력적인 형태로 표출되기도 한다.

현대 사회에서 사람들은 하루의 대부분을 조직에서 일하면서 보낸다. 따라서 조직생활의 질은 개개인의 삶의 질을 결정짓는 중요한 요소다. 만일 조직에서 도구적인 삶을 영위하고 있다면 그 개인의 삶은 무언가를 위한 수단으로 전락한다. 따라서 직장에서 목적적 존재로서의 인간성 회복은 개인의 삶에서 의미 있는 삶과 연결된다.

공자는 자신이 관리하던 마구간에 불이 나자 "다친 사람이 없느냐"는 질문 이외에는 하지 않았다고 한다. 이에 반해 우리는 끊임없이 결과에 대한 책임을 짊어질 '마녀 사냥'과 책임회피, 배임행위에 길들어져 있다. 이는 상호불신과 불만을 양성해 내고, 이를 해결하기 위해 필연적으로 엄청난 사회적 비용을 요구하고 있다.

전문화와 군자불기(君子不器)의 문제

동양과 서양을 비교할 때 많이 사용되는 기준 중 하나는 사유의 방식이다. 흔히 동양은 사건, 혹은 사물을 환경과 분리하기보다는 하나로 고려해 사유하는 반면 서양은 환경과 분리해서 분석하는 경향이 있다. 사회심리학자 니스벳은 이를 고맥락문화, 저맥락문화라고 정의했다. 고맥락문화인 동양사회에서는 불교의 윤회사상처럼 원인과 결과는 끊임없이 순환한다는 원형적 사유방식을 따르고 모순과 갈등을 포용할 것을 강조한다. 또한 부분보다는 전체를 강조하고 전문기능인보다는 여러 분야에 박학다식한 사람을 선호하는 경향이 있다.

이러한 사유방식 차이는 경영조직 인사 선발에서 퇴직에 이르는 일련의 경영관행에 영향을 미친다. 서구의 경우 논리적 분석과 과학적 관리 풍토는 직무에 대한 분석과 이에 기반한 선발과 고과 기법들을 발전시켰다. 보상에 있어서도 직무급과 성과급을 자연스럽게 수용하도록 만들었다. 또한 경력관리에 있어서도 여러 부서를 순환하기보다는 특정분야의 전문가로 '경력 사다리'를 타게 만들어 CFO(Chief Financial Officer), COO(Chief Operational Officer), CLO(Chief Legal Officer), CIO(Chief Investment Officer) 등 전문영역의 최고경영자를 육성한다.

반면 동양의 경우 직원 선발에서부터 특정분야의 전문가이기보다는 조직문화에 부합되는 사람인가를 기준으로 하여 필요한 부분에 배치한다. 그리고 경력관리에 있어서도 전공에 상관없이 다양한 분야에 순환 배치되어 능력을 검증받게 하고 이를 통과한 사람이 관리계층으로 진급하는 과정을 거친다.

과학적 관리 원리에 입각한 직무분석에 의한 분업화와 전문화는 업무의 단순반복으로 인해 과업에 대한 흥미상실과 자신에게 할당된 과업이 전체목표의 달성과 어떻게 연결되는지에 대한 관계성 파악을 어렵게 만든다. 관리자로서 반드시 갖추어야 할 전체 그림을 볼 수 있는 능력 개발의 기회를 박탈하는 것이다. 그리고 부분적인 지식에 근거한 전문가 양성은 전체 맥락을 고려하여 의사결정해야 할 때 문제의 본질 탐색을 힘들게 하고 효과적인 커뮤니케이션을 방해해 잘못된 결론에 도달하는 한계점을 낳는다.

구체적으로 사례를 살펴보자. 종합병원은 분업과 전문화의 전형적인 예라 할 수 있다. 종합병원을 방문한 고객이 필요한 부서 또는 전문의와 연결되기 위해서는 복잡한 단계의 접수와 상담을 거쳐야만 한다. 첫 방문 시 "어떤 문제가 있는데 누구와 상담해야 할까요"라는 질문을 받은 최초의 접수자는 자신이 보유하고 있는 정보에 기반해서 특정부서를 연결해준다.

하지만 불행히도 많은 경우 첫 접수자가 제공한 정보는 고객이 서비스 받기를 원하는 최종의 것과 일치되지 않을 가능성이 높다. 이 때문에 첫 번째 상담자는 자신이 보유하고 있는 정보에 기반해서 두 번째 상담자를 연결해준다.

이런 방식으로 몇 번의 중간 매개체를 거쳐서 자신이 가지고 있는 문제를 정확하게 해결해줄 담당자와 만나게 된다. 이 과정에서 고객은 담당자로부터 "우리 부서의 일이 아니다" 또는 "이 일은 나의 업무가 아니다"라는 말을 수없이 반복하여 듣게 된다. 그리고 초진의 경우 자신의 병세에 맞는 전문의를 찾고 증상을 설명하느라 하루를 보내고 실질적인 치료는 두 번째 만남에서야 비로소 가능하다.

이에 반해 동양 한의사는 환자로부터 최근 발생한 증세를 듣고 진맥을 포함한 몇 가지 사실들을 직접 관찰한 후 즉석에서 병을 치료한다. 다리가 아파서 왔다고 하는 환자에게 아픈 부위에 직접 침을 놓는 것이 아니라 한참 떨어져 있는 다른 장기에 침을 놓는다. 그리고 신기하게도 통증이 사라지는 것을 경험하게 된다. 이는 부분이 아니라 전체를 봄으로써 문제의 본질을 살피기 때문에 가능한 것이다.

공자는 젊어서 여러 가지 일을 경험했고 특정업무를 유독 잘 처리했다고 한다. 공자는 이에 대해 "젊은 시절 특정업무에서 재능을 발휘한 것은 살기 위해 여러 가지 일을 경험함으로써 얻은 잔재주일 뿐"이라고 했다. 대신 '군자불기(君子不器)'를 주장했다.

군자는 일정한 용도로 쓰이는 그릇과 같은 것이 아니라는 뜻으로 한 가지 재능에만 얽매이지 않고 두루 살피고 원만하다는 속뜻을 담고 있다. 특정분야에 전문지식을 지닌 기능인이 되기보다는 부분과 전체를 함께 볼 수 있는 지혜를 기른 군자가 될 것을 강조한 것이다. 이는 현재 서양에서 발발한 경제위기를 겪고 있는 국내 경영자들에게 문제를 확인하고 해결 방법을 찾는데 시사하는 바가 크다.

이윤추구와 경영윤리의 문제

흔히 생산의 3대 요소를 토지, 자본, 사람이라고 한다. 기업은 사업영역에서 최종상품을 만들기 위해 자본을 통해 토지와 사람을 일정 계약기간 동안 집중적으로 활용한다. 서구의 자연관은 개척의 대상 혹은 통제의 대상이다. 이는 이윤추구활동과 연결 지을 때 극명하게 드러난다. 공장을 짓기 위해 산을 깎고 콘크리트 건물을 세운다. 이때 주변 생명체와 원주민들의 삶은 전혀 고려대상이 되지 않는다. 이는 고용인과 근로자와의 관계에서도 동일하게 적용된다. 경영자는 임금을 담보로 일정기간 구성원들의 노동력을 구매한다. 고용관계에서 협상 능력 차이는 저임금과 불평등하고 비윤리적인 경영관행으로도 이어지게 된다.

이와 같은 현상은 근본적으로 '하나'라는 개념이 부재하고 비용-효용 분석에 의존한 거래관계에 기반을 두고 있기 때문에 발생하게 되는 결과물이다. 그러므로 생산 과정에 나오는 치명적인 오염물질을 어떤 정제 과정을 거치지 않고 자연에 배출하는 것에 아무런 윤리적 책임이나 죄의식을 느끼지 않는다. 만일 특정국가에서 이에 대한 법적인 제제와 규범이 엄격하면 그러한 제도적 장치를 아직 구비하지 못한 제3세계에 공장을 이전하면 된다.

현대사회에서 기업의 규모와 영향력이 과거와 비교할 수 없을 정도로 커졌다. 이 점을 고려하면 기업의 경제적 이윤추구에만 의존한 의사결정은 심각한 재앙이 돼 인류의 삶을 위협할 수도 있다. 예컨대 노후한 유조선은 사고 예방 차원에서 적절한 시점에 폐기되어야 한다. 하지만 언제 발생할지 알 수 없는 사고를 예방하기 위해 미리 새 유조선으로 교체하는 것은 정유사에게 엄청난 비용 부담을 안겨준다.

그리고 유조선이 침몰했을 때 회사가 떠안는 책임은 유한하고 분산되어 있기 때문에 정유사는 경제적 관점에서 교체시기를 늦추는 것으로 의사결정을 내리게 된다. 그러나 노후한 유조선이 기름유출 사건을 일으킨다면 전 인류가 공동으로 지불해야 하는 사회적 비용은 경제적으로 분석이 불가능할 정도로 크다.

동양의 자연관은 기본적으로 '물아일체(物我一體)'의 사상을 띠고 있다. 인간과 자연은 원래 하나로서 자연이 통제의 대상이기보다는 배경으로서 수용과 포용의 대상이다. 그러므로 최대한 자연 그대로의 상태를 훼손하지 않은 상태에서 경제활동을 영위했다.

또한 고용관계에서도 계약에 근거한 거래적 인간관계에 머물기보다는, 가족의 연장선에서 '신의(信義)'를 관계 형성과 유지의 핵심으로 여기는 경향이 있다. 그러나 이러한 성향은 서구의 경제이념과 프로그램이 도입되면서 끊임없이 도전받게 된다. 게다가 서구 문명사회에서 경험하게 되는 기업의 사회적 책임 문제를 그대로 반복하게 되는 결과를 낳고 있다.

4. 유교의 경제관

유교는 경제활동을 천시했다고 생각하는 사람들이 많다. 이는 명백한 오해다. 다음에서는 유교의 경제관에 대해 살펴보도록 한다.

밥부터 먹이고 가르치자[선부지 후교지(先富之 後敎之)]

막스 베버는 유교가 이익을 추구하는 행동을 배격한다고 지적했지만, 이는 옳지 않다. 오히려 보편적 정감으로 타고난 도덕성을 잃지 않고 함양시키기 위해 경제적 환경조성이 선결되어야 한다고 제시한다. 공자는 논어에서 "사람이 많아지면 먼저 부유하게 만들고, 그러고 나서 가르쳐야 한다"라고 말했다. 이(利)와 인(仁)의 관계에 대한 그의 인식을 분명하게 드러내고 있다. 공자는 기본적인 생계욕구가 해결되지 않은 상태에서 그의 도덕 철학의 정수인 인(仁)을 구현하기 힘들다는 것을 간파한 현실론자였다. 이는 인간본성에 대한 공자의 깊은 이해를 반영한 것이다.

따라서 치인(治人, 다스리는 사람)의 위치에 있는 리더는 일반백성이 외부적 환경에 의해 자신이 본래 가지고 있는 도덕성을 잃지 않도록 생계의 안정을 조성하는 것이 주요한 임무 중 하나가 된다. 이와 관련하여 맹자 등문공 상편에는 "백성의 부모가 되어 백성으로 하여금 죽어라 1년 내내 열심히 일해도 제 부모를 봉양할 수 없게 만들고, 거기다 빚까지 내서 일정액의 세금을 채워 내게 함으로써 늙은이와 어린 아이들의 시체가 산골짜기에 나뒹굴게 한다면, 어떻게 백성의 부모가 될 자격이 있겠는가?"라는 지적이 나온다. 이(利)와 인(仁)의 관계가 상호 배타적이지 않고 상호 보완적인 관계에 있음을 설명한다.

옳은지를 먼저 따져보자[견리사의(見利思義)]

유교는 부의 축적과 관련된 생산활동을 적극적으로 장려하기보다는, 이로 인해 타고날 때 지니고 있던 순수하고 선한 인심(人心)을 잃어버리지 않을까 경계한다. 그리하여 유교에서 군자의 이익추구 행동은 반드시 전체적 맥락에서의 의로움, 마땅함에 의해 정당성을 확보할 것을 제안하고 있다.

이는 논어에 나오는 "부귀(富貴)는 사람이면 누구나 원하는 것이지만 정당한 방도로 얻은 것이 아니면 누리지 말아야 한다"는 문구에 잘 집약되어 있다. 공맹은 부의 축적에 대한 인간의 욕구를 부정하지 않지만, 그것을 획득함에 있어서 절차적 공정성을 확보하지 못할 경우 반드시 다른 사람의 원망을 얻게 된다고 경고한다.

물건 값은 달라야 한다[물지부제 물지정야(物之不齊 物之情也)]

유교는 이익분배에 있어서 공정한 차등분배를 강조한다. 이는 맹자 등문공 상편에 있는 "물건이 똑같지 아니함은 물건의 실상이니, 혹 (값의 차이가) 서로 간에 배가 되고 다섯 배가 되며, 혹은 서로 간에 열 배가 되고 백 배가 되며, 혹은 서로 간에 천 배가 되고 만 배가 되거늘, 자네는 이것을 나란히 하여 똑같이 하려 하니, 이는 천하를 어지럽히는 것이다. 좋은 신과 나쁜 신의 값이 같다면 사람들이 어찌 (좋은 신을) 만들겠는가?"라는 문구에 집약되어 있다. 즉, 노력과 역량에 따른 정당한 가치평가는 의(義)를 실천하는 기초가 된다.

이처럼 유교에서 가정하고 있는 이윤추구에 대한 태도는 이익 자체의 추구를 부정하고 있지 않다. 오히려 인간다운 삶을 영위하기 위해 리더가 중요하게 고려해야 할 요인으로 취급하고 있다. 그러나 유교는 이익추구 행동이 인의(仁義) 원리에 따라 내용과 형식 측면에서 규제될 필요가 있다고 강조한다.

5. 한국인의 유교적 가치와 경영방식

국내 사회과학자들이 언급한 한국인의 유교적 가치 특성들을 살펴보면, 기본적으로 극단적인 유교 비판론적 접근과 찬양론적 접근의 상반된 두 가지 시각을 확인할 수 있다. 그리고 최근 들어 이를 절충하여 객관적 자세에서 유교의 영향과 역할을 조망하려는 시도도 발견되고 있다.

이번에는 유교에 대한 호불호의 관점이 아니라 여러 사회과학자들이 언급한 공통 내용을 바탕으로 한국인의 유교적 가치 특징을 가족중심의 집합주의, 정(情)의 문화, 명분 중시, 조화(調和) 중시로 파악하여, 이들 요소들이 경영조직에서 경영자와 노동자의 관계, 기업의 지배구조, 경영방식, 경영관행에 어떤 영향을 미쳤는지 살펴보자.

가족 중심의 집합주의

유교적 전통은 충(忠)과 효(孝)를 강조한다. 이것이 한국사회에서는 가족, 지역공동체, 그리고 국가공동체 등 여러 수준의 집합체 가운데 가족을 가장 중요한 집합체로 강조하는 가족주의적 집합주의로 나타났다.

유교사회에서 가족은 모든 사회생활의 가장 중요한 기본 단위며 개인의 사회적 지위를 결정하는 기준이었다. 개인의 사회적 지위는 그가 어떠한 신분의 가족에서 태어났느냐에 의해 귀속적으로 결정되는 것이지, 개인의 업적이나 성취에 의해서 획득되는 것이 아니었다. 뿐만 아니라 가족 안에서 높은 벼슬을 하는 사람이 나오게 되면 이미 세상을 떠난 부모와 조상은 물론 그의 가까운 친족들의 지위가 함께 상승하게 된다.

반면 친족 내 한 개인이 중죄를 범하게 되면 '삼족을 멸'하는 연대책임을 지는 등 가족 및 친족은 실질적으로 가장 중요한 운명공동체였다. 그리고 이러한 특징은 근대화 과정에서도 연좌제 형태로 사회

체제를 운영하는 주요 통제 메커니즘으로 활용되었다. 현대에 와서는 사회 연결망이라는 고급스러운 학술용어로 진화되었을 뿐 여전히 개인이 소속되어 있는 사회·경제적 배경이 개인의 현재 및 미래 지위를 결정짓는 중요한 운명공동체로 역할을 하고 있다.

가족 중심의 집합주의는 한국기업의 경영특성인 소유주 중심의 경영체제, 장자 우대의 불균등 상속, 가부장적인 리더십과 노사관계 형성에 영향을 미쳤다. 외국기업에 비해 교육이나 인력 계발에 많은 비용을 지출하는 것도 가족의식에 근거한 것이라 할 수 있다. 그리고 이러한 가족공동체의식은 어려운 시기를 함께 극복하려는 집단의식에 영향을 미쳐 경제적 고도성장에 크게 기여했다.

가족 중심의 집합주의는 중앙집권적 의사결정과 종신고용제와 연공에 입각한 임금과 승진방식의 선택에 영향을 미쳐, 구성원들에게 이를 당연한 것으로 받아들이도록 했다. 또한 가족 중심의 집합주의는 기업 외부의 다양한 이해관계자 집단과의 관계방식에도 상당부분 영향을 미쳤다.

예를 들면, 모기업과 계열기업과의 관계방식이 아버지와 아들 혹은 장남과 그 밖의 형제들 간의 관계방식과 같이 서열화된 모습을 띠고 있다. 또 어려울 때 서로 순환출자 등의 형태로 상부상조하는 경영방식을 채택, 부품업체와의 관계에서도 주종관계의 가부장적 리더십을 발휘하고 있으며, 이것이 실생활에서 통용되고 있다.

정(情)의 문화

유교에서 강조되는 인(仁)이 한국에서는 정(情)의 형태로 표출된다. 이에 대해 외국인들뿐만 아니라 한국인들 스스로도 가장 한국인다운 한국적 심성으로 정(情)을 꼽고 있다. 인(仁)이 발현된 모습으로서 정(情)의 문화는 특히 구성원들 간의 관계방식에 많은 영향을 미친 것으로 이해된다.

예를 들면 직장 상사와 동료에게 업무 이외의 자신의 일상생활과 관련된 부분을 공유하고 조언을 주고받는 것을 자연스럽게 여긴다. 또 구성원들 간의 개인적인 경조사에 참석하는 것이 인간관계 형성과 유지에 기본적으로 요구되는 도리로 인식된다. 저녁의 회식 문화와 여러 가지 명목의 단합대회가 발달되어 있는 것도 직장 내에서 발견할 수 있는 정(情)의 문화라고 할 수 있다.

명분 중시

유교의 핵심 가치인 인(仁)을 실천하는 방법으로 의(義)와 예(禮)의 강조는 명분(名分)을 중시하는 형태로 나타났다. 개인보다 집단을 강조했던 한국사회의 전통은 구성원들에게 명분과 체면을 중시하는 독특한 행동방식을 낳았다. 명분이란 사람이 자신이 처한 위치에서 합당하게 지켜야 할 분수다. 이러한 명분은 특히 사회질서와 연관되고 개인의 직분이나 행위의 규범으로 작용하여, 사람의 행동에 도덕적인 당위성을 부여하며 사회질서를 확립시키는 역할을 한다.

한국인에게 명분은 개인에게 자신의 이익보다 타인 또는 소속집단과 같은 공공의 이익을 추구하는 것에 일차적인 관심을 두게 한다. 이를 어겼을 경우 '체면이 깎이는 것'과 같은 사회적 불이익을 줌으로써 사회질서 유지의 주요 수단이 되었다.

의(義)의 내용과 예(禮)의 형식이 결합되어 발현되고 있는 명분 중시는 조직 내에서 상사와 부하와의 관계방식, 부문 간 혹은 상위집단과 하위집단 간 이해관계가 상충할 때 갈등 해결방식에 많은 영향을 미친 것으로 이해된다.

예컨대 상사의 의견을 공개적으로 비판하거나 상충되는 의견을 제안하는 것은 상사의 체면을 깎는 행위로 여겨져 지양된다. 반대로 상사 혹은 연장자에게 복종하고 순응하는 것이 바람직한 행동양식으로 권장된다. 또한 부문 간 또는 상위집단과 개인 혹은 개인이 속한 집단과의 이해가 상충될 때 실리보다는 대의명분 즉, 여론의 헤게모니를 장악한 쪽으로 의사결정이 이루어지는 경향이 있다.

조화(調和) 중시

유교의 핵심 덕목인 인(仁)은 또한 중용(中庸)으로 표현되며, 이는 한국에서 주변 환경과의 조화를 중시하는 것으로 나타났다. 조화 강조는 개인에게 절제와 인내의 덕목을 갖추고 타인과 원만한 인간관계를 형성하도록 했다. 이러한 특징은 개인 자체보다는 집단과 연결되어 있는 개인 또는 특정개인을 배출한 집단 자체, 예를 들어 가문을 중시하는 생활방식을 발달시켰다. 그리고 한국인의 특징으로 꼽히는 '이중적인 언어사용'은 대인관계에서 갈등을 피하고 원만한 인간관계를 형성하려는 대표적인 문화현상이라 할 수 있다.

조화를 강조한 유교적 가치의 영향은 경영조직 내에서 강한 소속감과 다양한 계층 구성원들 간 조화를 강조하는 것으로 나타났다. 조화의 강조는 개인과 개인 이해가 상충할 때 개인에게 조직의 이익을 위해 개인의 이익을 희생할 것을 강요했고, 그것이 바람직한 행동윤리로 받아들여졌다.

그리고 개인 간의 관계방식에 있어서도 타인과 토론·논쟁을 벌이기보다는 경청하고 수용하는 것이 바람직한 행동양식으로 인식되어 권장되고, 공개적으로 타인을 비난하거나 비판하는 것은 인간관계를 매우 악화시키는 요인으로 인식되게 만들었다.

따라서 이러한 문화적 맥락에서 중요한 정보들은 공식 네트워크보다는 비공식 네트워크를 통해 유통된다. 중요한 내용들은 비공식 네트워크와 면담을 통해 사전조율을 한 후 협상테이블에서 계약서에 사인하는 형태로 처리된다.

6. 현대 경영을 위한 유교의 변신

지금까지 경영학의 발전 과정과 특징을 살펴보며 오늘날 제기되고 있는 현대 경영의 문제점으로 조직의 본질 중 하나인 갈등시스템으로서의 조직과 경영학사에서 드러난 인간에 대한 가정의 변화를 바탕으로, 인간의 도구화, 분업과 전문화를 지나치게 강조해 전체 맥락에 대한 통찰력 결여, 이익극대화 논리에 의한 사회적 책임문제 야기로 제시했다. 그리고 유교에서 가정하고 있는 경제관이 막스 베버가 지적한 것처럼 부정적이기보다는 상당히 비중 있게 긍정적으로 고려되었다는 점과 한국인의 유교적 가치성향을 통해 살펴본 경영 특징이 소유주 중심의 경영체제, 장자우대의 불균등 상속, 가부장적인 노사관계 등으로 특징지을 수 있음을 확인했다.

필자는 유교적 가치에 기반한 경영관행의 우월성과 보편적 적용을 무작정 주장하고 싶지는 않다. 이보다는 긍정적인 유교 가치가 현대 사회에서 지속적으로 통용되기 위해서 바로 잡아야 할 문제점을 밝히고자 한다.

양날의 칼, 유교

오상(五常)	긍정	부정
인(仁)	후한인심 정(情)	친친원원(親親遠遠)→ 정실경영(情實經營) 객관성 결여
의(義)	윤리 신념	각박하고 잔인함
예(禮)	겸손 절제	서열화된 인간관계 → 수직적 커뮤니케이션
지(智)	분별 중용	학벌 중시, 지나친 분별→파당 조성
신(信)	진실됨 일관성	맹목적 충성

우선 한국 유교의 핵심 가치들은 근대화 과정에서 경영자가 구성원들을 지배하고 통치하는 데 효과적으로 활용된 반면 경영자의 '노블리스 오블리제(Noblesse Oblige)'는 지켜지지 않았다는 점을 지적해야 한다. 예를 들어 대외적 충(忠)과 대내적 효(孝) 사상이 기업조직에서 노사관계에 그대로 배태되어 있음을 확인할 수 있다. 이 때문에 운명공동체로서, 가족의 연장선상에서 구성원들에게 고통 분담을 요구했으나 '여민동락(與民同樂)', 즉 왕이 백성과 더불어 즐거움을 나눈다는 정신은 지켜지지 않았다.

그 결과로 노사 간 갈등이 첨예하게 대립하고 재벌 집단에 대한 불신 정서가 만연하게 되었다. 이와 같은 권위주의적 노사관계의 관행은 서구의 계약에 의한 노사관계보다 더욱 착취적인 관계를 형성할 수 있다는 문제점을 안고 있다.

또한 유교의 '친친원원(親親遠遠)'은 인(仁)을 실천할 때 가까운데서 시작하여 이웃에게 확장하여 적용하는 것을 의미한다. 이는 무조건적인 사랑과 다르다.

공자는 "만일 죄인을 사랑으로 대한다면 사랑하는 사람은 어떻게 대할 것인가?"라는 질문을 통해 차별화된 사랑의 정당성을 분명하게 드러낸다. 그러나 인간관계에서 친친원원의 원리는 전문성보다는 학연, 혈연 등의 연고에 의한 '정실경영(情實經營)'과 같은 부정적인 결과를 낳을 수 있다. 이는 현대 사회가 보편적 가치로 요구하는 공정성과 합리성의 가치와 대립될 수 있다는 문제를 안고 있다.

의로움(義)은 인본주의와 결합되지 않을 때 고루하고 비정해진다.

2004년 만들어진 톰행크스(빅터 역) 주연의 〈터미널〉이라는 영화에서 공항 관리 책임자는 원칙대로 무국적의 신분으로 전락한 빅터를 합법적으로 공항에서 쫓아내기 위해 갖은 노력을 다한다. 그는 전형적인 원칙주의자인 것이다. 사람을 빼놓고 그의 행위를 분석하면 분명 옳다. 하지만 사람을 제도와 결부해 생각하면 그의 행동은 기계적이고 인정이 없다.

인(仁)과 예(禮)의 관계성에 대한 재검토도 필요하다. 둘은 본래 하나다. 인(仁)은 바탕이 되고 예(禮)는 무늬에 해당된다. 즉 내용과 형식으로써 표현되는 것이다. 그러나 예(禮)의 형식성에 대한 강조는 서열적 인간관계를 지지하는 논리가 된다. 이는 현대사회에서 보편적 가치로 수용되는 민주주의의 평등가치와 대립된다. 그리하여 경영현장에서 나이, 지위, 학력 등에 따른 위계질서 강조는 다양성의 수용과 창의적 사고에 장애요인이 되기도 한다.

지(智)는 분별력을 갖추는 것에서부터 출발한다. 이를 갖추기 위해 배우는 것을 강조하고 그 결과 한국사회는 지나칠 만큼 사(士)계층에 대한 차별화된 특권을 부여해 왔다. 직업에는 귀천이 없다지만, 한국에서는 그렇지 않다. 여전히 교육이나 법조계 같이 인문사회과학을 바탕으로 한 사무직을 이공계열의 전문 기술직보다 선호한다.

또한 분별력은 때로 그 정도가 지나쳐 나와 남을 구분 짓고, 나와 다른 것을 배척하는 파당과 파벌을 조성하는 역작용으로 발현된다. 이는 분별력(智)이 사람에 대한 이해와 사랑(仁)에 의해 보완되지 못했기 때문에 발생한다. 그 결과 학연, 지연, 혈연에 기반을 둔 파벌 조성은 우리사회에 뿌리 깊은 병폐 중 하나가 되었다.

신(信)은 사람에 대한 미더움을 뜻한다. 특정인에 대한 미더움은 그가 진실된 언행을 하는가, 정성을 다하는가, 말이 행동을 수반하는가, 지속성이 있는가, 일관되는가 등으로 확인된다. 믿을 수 있는가는 모든 인간관계에 기초를 이루는 것으로 매우 중요한 요소다.

하지만 신(信)이 의로움(義)에 의해 보완되지 못할 때, 맹목적 충성으로 나타나기도 한다. 재벌총수 일가를 대신해서 감옥으로 가는 임원들은 총수 일가와 그와의 양자관계만을 놓고 보면 더없이 믿을 만한 사람이다. 하지만 사회 전체의 시스템에서 살펴보면 그들은 의롭지 못한 사람들이다.

유교의 현대적 개념 재정립은 동양철학을 전공하는 사람뿐만 아니라 경영학을 전공하고 현장에서 실천하는 사람에게도 절실하게 요청된다. 경영의 핵심에 사람 관리 문제가 있고, 이는 사회·문화적 가치체계에서 자유롭지 못하기 때문이다. 우리가 현대화 과정에서 서구의 경영기법을 많이 도입했지만 그 효과에 대해 확신할 수 없다.

심지어 실패를 경험하게 된다. 이는 대부분의 경우 기존의 가치체계와 소통하는데 접점을 찾지 못했기 때문이다. 따라서 전통가치인 유교적 가치체계와 현대 경영에서 강조하고 있는 개념들 간의 소통은 효과적인 경영을 위한 선제 조건이다.

더 읽으면 좋은 책

· 공건(공자 75대손), 안춘식 옮김,《인간존중경영》, 지식여행, 2001.
· 공창석,《한국 상인》, 박영사, 2006.
· 리처드 니스벳, 최인철 옮김,《생각의 지도》, 김영사, 2004.
· 민경조,《논어 경영학》, 청림출판, 2009.
· 매튜 스튜어트,《위험한 경영학》, 청림출판, 2010.
· 이기동 역해,《논어강설》, 성균관대학교 출판부, 2008.
· 이기동 역해,《맹자강설》, 성균관대학교 출판부, 2007.
· 이기동 역해,《대학·중용》, 성균관대학교 출판부, 2007.
· KBS 인사이트아시아 유교 제작팀,《유교 아시아의 힘》, 예담, 2007.
· F. W. 테일러, 박진우 옮김,《과학적 관리의 원칙》, 박영사, 1993.

미니박스 ①

사우스웨스트 펀 경영

1971년 설립된 미국의 저가항공사 사우스웨스트 항공. 이 회사는 노동 강도가 높기로 유명하다. 직원의 급여 수준도 높지 않다. 하지만 사우스웨스트 항공은 미국에서 가장 일하기 좋은 100대 기업으로 꼽힌다. 직원들의 충성도 역시 매우 높다.

그 배경에는 '펀 경영'이라는 회사의 특유한 경영 이념이 중요한 역할을 했다. 창업자인 허브 캘러허 회장은 일을 놀이로 만든 파격 경영을 만들었다. 사우스웨스트 항공은 항상 직원들에게 유머를 던지고 이벤트를 연다. 또 직원들의 사기가 꺾이지 않도록 재미있는 이벤트를 만들자며 연구한다.

출입국 담당사원은 기다리는 고객들에게 "양말에 가장 큰 구멍이 나 있는 분, 손들어보세요"라는 유머를 던지고, 기내 방송도 마찬가지다.

이 같은 경영방식은 시작 당시만 해도 미국 재계의 비웃음거리였다. 회사의 경쟁력을 갉아먹을 것이란 비판이 많았다.

하지만 결론적으로 이 회사는 창업 이래 단 한 번도 적자를 기록한 적이 없다. 또 미국에서 불만이 가장 적은 회사로도 통한다. 미국을 뒤흔든 글로벌 금융위기 때, 직원들은 십시일반 갹출해 자사의 비행기를 구매했다.

비용과 효율만 따지는 경직된 문화가 아니라 직원들을 믿고, '웃음'을 매개로 한 '조화'와 '정'의 감성경영이 그 효과를 본 것이다. 이로 인해 미국에서도 직원들의 행복과 즐거운 직장에 대한 인식이 바뀌고 있는 추세다.

공자에게 경영을 묻다

배병삼(영산대학교 교수)

1. 논어에 담긴 '현대 경영'

삼성그룹 창업주인 고 이병철 회장은 자서전인 《호암자전》에서 "나의 생각이나 생활이 논어의 세계에서 벗어나지 못한다 하더라도 오히려 만족한다"고 밝힌 바 있다. 한국 최고 기업을 만든 창업주가 논어의 가르침에 영향을 받았다는 반증이다.

논어의 영향력을 여실히 보여주는 '반부논어(半部論語)'라는 재미있는 고사도 있다.

> 송나라 개국공신 조보(趙普)는 2대에 걸쳐 정무를 총괄하는 재상을 지냈다. 그는 원래 시골의 무지렁이인데다 젊은 시절 내내 전쟁터를 돌아다니느라 배운 것이 없었다. 나라를 세우고 관리가 된 후 읽은 책이라고는 논어가 유일했다.

그런 그가 2대에 걸쳐 정권을 잡다 보니 정적들이 생기게 마련이었다. 그를 두고 "고작 논어 한 권 읽은 무식한 사람이 재상직을 너무 오래 누린다"는 입소문이 돌았다. 이를 듣고 미심쩍어하는 임금에게 조보는 이렇게 말했다. "정녕 제겐 논어 한 권 밖에 없습니다. 하지만 논어 반 권으로는 태조께서 나라를 세우는 데 도움을 드렸고, 나머지 반 권으로는 폐하의 정치가 태평을 이루는 데 쓸 참입니다."

- 나대경, 학림옥로(鶴林玉露)

여기서 '반부논어' 고사가 등장한다. 건국에 논어 반 권, 국가 경영에 나머지 반 권이면 넉넉하다는 주장이다. 조선도 이성계의 무력과 정도전의 유교적 경영 프로그램이 힘을 합쳐 만들어진 나라였다. 유교 프로그램의 핵심 텍스트가 논어였으니 조선의 500년은 '논어 레일 위를 달려간 열차'에 비유할 만하다. 국가도 경영하는 터에 기업 경영이 대수일까.

유교, 무관세 자유무역 허브를 주창하다

그러나 유교사상이 이익(利)을 배척하고 도덕(仁義)을 강조한 이상주의라는 오해가 있다. 이익을 반대하고 도덕을 주장한 것으로 유교, 특히 공자와 맹자의 사상을 기술하는 대부분의 윤리 교과서가 저지르는 전형적인 오류다. 이런 인식에는 유교의 책임도 없지 않다. 유교의 중요 텍스트인 '맹자'가 첫 머리에서 '이익 대 인의'라는 대결구도를 적시하고 있기 때문이다.

맹자 제1편 제1장 첫 구절은 다음과 같다. 맹자를 맞이한 양나라 혜왕이 "내 나라를 이롭게 할 어떤 방책을 가져오셨나요?"라며 인사말을 던진다. 이에 대해 맹자가 "하필왈리, 인의이이의(何必曰利 仁義而已矣)"라고 답한다. "하필이면 이익을 말씀하시오! 오로지 인의(仁義)가 있을 따름인 것!"이라고 말한 것이다. 이 구절 때문에 맹자가 현실의 이해관계를 도외시하고 인과 의라는 도덕적 가치만을 숭상한 관념론자 또는 이상주의자라는 오해가 생겼다.

하지만 속뜻은 그렇지 않다. 맹자는 '국가의 경영자'인 군주의 관심이 이익 추구에만 있다면 결국 국가(공동체)가 위험에 빠지고 말 것이라는 점을 강조하고자 이 같이 말했다. 이런 추론은 이어지는 구절에서 확인할 수 있다. "군주가 사적 이익을 추구하면 그 아래 계급인 대부(大夫) 역시 제 집안의 이익을 따지고, 또 그 아래 계급인 사(士)는 제 몸의 이익을 챙기게 마련이다. 이렇게 이익을 놓고 위아래가 다투다보면 끝내 그 국가는 위기에 빠지고 만다."

여기서 맹자의 대화 상대자에 좀 더 세심한 주의를 기울여야 한다. 맹자의 대화 상대는 정치가, 즉 국가 경영자인 양혜왕이다. 맹자는 모든 사람들에게 이익이 최악의 선택이라고 말하고 있는 것이 아니라, 당시 정치영역, 곧 공공(公共)영역이 사익 추구로 황폐화되었음을 지적했을 따름이다. 도리어 맹자가 유물론적 정치·경제학자였음은 등문공(滕文公)편에 나오는 다음 지적으로 알 수 있다.

"일반 백성은 일정한 소득이 있어야 변치 않는 마음을 가질 수 있고, 경제 사정이 궁핍하면 변치 않는 마음을 가질 수 없다(民之爲道也 有恒産者有恒心 無恒産者無恒心)." 그러므로 "지혜로운 국가경영자(賢君)는 언제나 자기를 낮추고 검소하며 상대방을 높이고 백성들로부터 취하는 세금에 제한을 둬야 한다(是故賢君必恭儉禮下 取於民有制)."

이 구절은 유교가 이익 추구를 죄악시한 사상이 아님을 단적으로 보여준다. 도리어 맹자는 시장경제활동을 장려한 사상가다. "상인을 우대하여 관세와 물품세를 철폐한다면 천하의 재화가 모두 그 나라로 몰려들 것"이라며 "이것이 왕도정치를 이루는 한 방법"이라고 주장했다. 요즘 방식으로 표현하자면 '무관세 자유무역 허브(Hub)'를 건설하라는 권고다.

유교는 시장에서의 이익 추구를 당연한 것으로 수긍하고 또 적극 권장한다. 다만 이익을 추구하는 '시장(市場)영역'이 인간애와 사회정의를 핵심으로 하는 '공공영역'과 분명하게 구분되어야 한다고 주장한다. 공자와 맹자가 인식한 춘추전국시대의 큰 문제는 이 두 영역이 섞여서 공공영역이 시장판으로, 즉 권력자(군주와 대부들)의 사익 추구로 황폐화된 데 있었다.

이것이 당대 위기의 핵심이었다. 이에 유교는 공공영역으로부터 시장논리를 몰아내고 인의(仁義)의 윤리, 즉 공평성과 공정성이 관철되는 사회로 재건해야 한다는 점을 누누이 강조했다.

일찍이 공자는 논어에서 "이득을 보면 정의를 생각해야 한다(見得思義). 군자는 정의를 바탕으로 삼고 예의에 맞게 그것을 실천해야 한다(君子義以爲質 禮以行之)"라고 강조했다. 이 권고 역시 국가 경영자, 즉 정치가에게 적용되는 규범이다. 시장과 백성의 경제활동에 대한 지침이 아니다.

시장 독과점은 막아라

그렇다고 유교가 시장의 무한정한 자율성, 자유방임적 시장주의를 용인한 것은 아니다. 이 같은 사실은 맹자 속 농단(壟斷)의 고사를 통해 파악할 수 있다. 고사에 따르면 옛날 시장에 가는 사람들은 제가 가진 것을 없는 것과 바꿨을 따름이다. 관리(有司)는 질서만 잡았을 뿐이다.

언젠가 천한 사내가 나타나 시장 시세를 움직여 이익(市利)을 훑어 갔다. 사람들이 모두 이를 비천하게 여겼고, 결국 이런 자들에게 세금을 물리게 됐다. 장사꾼에게 세금을 물리는 것은 천한 한 사내로부터 시작된 것이라고 고사는 말한다.

시장 내부의 질서 혼란으로 독과점 사태가 빚어지거나 부당한 축재 때문에 불균형이 발생한다면 국가(정치)의 개입이 정당하고 마땅하다. 자유로운 시장은 보장해야 하지만 동시에 시장질서와 재화의 균등한 분배 역시 국가 경영의 한 기능으로 간주돼야 한다는 뜻이다. 유교에서 국가의 역할은 시장질서를 확보하고, 그 장애 요인을 제거함으로써 불통된 상태를 소통시키는 것이다.

유교경영의 제1원리인 인정(仁政)을 보자. 말(言語)이든, 물건이든, 사람이든 그 자연스러운 흐름을 보장하고, 또 그 흐름에 장애가 있을 때는 그것을 뚫어 순환시키는 작업이다(不仁痿痺). 소통과 합리성, 이를 통해 더불어 사는 사회(與民社會)를 건설하는 것이 유교경영론의 비전이다.

이제 유교사상, 특히 논어와 맹자라는 유교경전 속에 깃들어 있는 경영적 요소를 추출하고, 현대 경영에 주는 혜안을 보자.

2. 덕(德)의 리더십

춘추전국은 500년에 걸친 폭풍의 시대였다. 위에서 아래로 내려 누르는 폭력의 시대요, 힘으로 자기 뜻을 남에게 관철시키는 강제력의 시대였다. 그러나 공자와 맹자는 이 '힘의 세계'로부터 도피하여 자연 속으로 숨으려는 은둔자들이 아니었다.

그들은 오히려 힘의 원리를 연구했다. 그리고 힘에는 폭력만 있는 것이 아니라는 사실을 알아냈다. 또 다른 종류의 아주 '미스터리'한 힘이 있음을 발견했다. 사람의 몸과 마음을 끌어들이는 힘, 이를테면 '매력'이 있음을 발견했다. 이것을 덕(德)이라고 명명했다. 이것은 스스로를 낮출수록 더욱 강한 힘을 발휘하는 '역설적인 힘'이었다.

'폭력' 대신 '매력'을 택한 공자

공자의 생각을 '덕치사상'이라고도 일컫는 까닭은, 그가 폭력의 힘이 아니라 매력으로 작동되는 세계를 꿈꿨기 때문이다. 공자는 그런 세상이 인문적인 세상, 곧 인간의 문명이라고 봤다. 폭력이나 강제력과는 전혀 상반되는 힘의 작동방식인 '덕의 힘'을 꿈꿨다는 점에서 공자는 몽상가였다. 이 때문에 우활(迂闊)하다(사리에 어둡고 세상 물정을 잘 모른다)는 비평을 듣기도 했다.

논어에서 공자는 "덕(德)으로 정치를 함은, 비유컨대 북극성이 그 자리에 있음에도 뭇별들이 그를 향하는 것과 같다"고 말한다. 북극성은 붙박이별이다. 억지로 다른 행성들을 오고 가라고 하지 않아도 천체는 북극성을 중심으로 돈다. 사실 여부를 떠나 옛 사람들은 그렇게 믿었다. 북극성이 제자리를 지키고 가만히 있는데도 주변의 많은 별들이 그를 향한다고 하여 '중성공지(衆星共之)'라는 묘사도 있다. 폭력이 아닌 매력의 다이나믹스(Dynamics)를 잘 비유하고 있는 것이다.

이 대목은 동아시아 정치적 전통의 중요한 메타포가 된다. 중국 베이징의 자금성(紫禁城)에 위치한 천자의 자리든, 서울의 경복궁에 자리한 조선시대 임금의 어좌든, 일본 교토의 어소(御所)든 군주의 자리는 모두 다 궁궐 북쪽 끝에서 남쪽으로 향하도록 배치됐다. 북극성이 남쪽을 향해 내려다보는 형국을 모사한 것이다.

그렇다면 덕의 감화력, 덕의 매력은 어떻게 작동되는 것일까? 논어에서 공자는 정치를 다음과 같이 말한다. "가까운 곳 사람들은 기뻐하고 먼 곳 사람들은 몰려드는 것이다(近者說 遠者來)." 주변 사람들을 감동시키고 멀리 있는 사람들을 끌어들이는 것이 바로 정치라는 것. 이 문장에 있는 '몰려옴'을 뜻하는 래(來)자 속에 덕의 감화력, 즉 그 끌어당기는 힘의 내력이 잘 들어있다.

이 다이나미즘은 진공청소기에 비유할 수 있다. 빗자루 청소가 힘(폭력)으로 쓰레기를 밀어서 담는 방식이라면 진공청소기는 청소기 내부를 진공으로 비움으로써 먼지와 티끌을 흡입(매력)하는 방식이다.

자신을 비움으로써 주변을 끌어들이는 진공청소기의 방식은 제자리에 가만히 앉아 있는데도 뭇 별들이 그를 향한다는 중성공지 표현 속에 든 덕치의 구도와 동질적이다. 또 가까운 곳 사람들이 기뻐함에 먼 곳 사람들이 몰려드는 덕치의 작동 양식과도 동질적이다. 뿐만 아니라 기압이 낮을수록, 그리고 텅 비고 고요하며 맑은 '눈'에서부터 강한 힘을 발출하는 태풍의 역설적 행태와도 다를 바 없다.

공자가 "군자의 덕은 바람이요, 소인의 덕은 풀이다. 풀 위로 바람이 불면 풀은 반드시 눕게 된다(君子之德風 小人之德草 草上之風必偃)"고 하여 훌륭한 리더의 속성을 바람에 비유한 까닭도 알만하다. 여기 바람은 몰아치는 힘으로서의 폭풍이 아니다.

나를 낮추고 비움으로써 도리어 큰 힘을 갖는 태풍이다. 그리고 그 바람의 근원은 자기 속에서부터(由己) 발출할 따름이다. '참된 힘'은 외부에서 오는 것이 아니라 나를 침잠하고 나를 성찰하며, 나를 다스리는 마음에서 나온다. 이것이 유교 리더십에서 내내 수기(修己, 나를 닦음)를 강조하는 까닭이다. '수기치인'이라 하여 나를 닦고 난 다음에야 남을 다스릴 수 있다는 낯익은 표현의 뜻이 이것이다.

빈 곳에서 힘이 발생하는 진공청소기의 구조나 텅 빈 '태풍의 눈'에서 큰 힘이 파생하는 구조는 계곡과 연못의 이미지와도 통한다. 조선을 대표하는 유학자인 이황과 이이가 제 이름을 '퇴계'와 '율곡'이라고 지은 까닭을 이해할 실마리가 여기에 있다.

퇴계(退溪)란 '물러난 골짜기'를 뜻하고 율곡(栗谷)은 '밤나무 골'이라는 뜻이다. 움푹 팬 골짜기를 내 안에 만들면 주변은 마치 물이 아래로 흘러오듯 '몰려든다(來)', 그러니까 퇴계와 율곡은 이름 속에 덕치의 원리를 심고 있는 것이다. 요컨대 자기 뜻을 타인에게 강요하거나 억압하지 말라. 도리어 나를 비워 남을 포용하고 감싸라. 그 따뜻한 계곡으로 물이 몰려 내려오듯 사람들이 몰려오리라.

이처럼 덕은 역설적 힘이다. 덕이 내포한 '힘의 역설'을 이해할 때 우리는 그들이 꿈꾼 문명의 세계로 들어갈 수 있다.

덕치(德治)는 위대한 기업의 필수조건

흥미로운 사실은 스스로를 내세우지 않고 낮출수록 더 큰 힘이 발휘되는 '힘의 역설'이 오늘날의 기업 경영에도 통용된다는 점이다. 자신을 낮추고 상대방으로부터 배우려는 덕의 리더십은 평범한 기업을 위대한 기업으로 바꾼 모범적 사례들 속에서 발견된다. 저명한 기업 경영 연구가 짐 콜린스(J. Collins)에 따르면 '평범한 기업'을 '위대한 기업'으로 도약시킨 기업인들은 모두 덕치(德治)를 구사하고 있다.

그의 유명 저서《좋은 기업을 넘어 위대한 기업으로》에서 콜린스는 "평범한 기업의 리더들이 지극히 자기중심적인 것과 달리 위대한 기업으로 도약을 성공시킨 리더들은 자신들의 이야기를 얼마나 삼가는지를 보고 충격을 받았다. 그것은 흔한 거짓 겸양이 아니었다.

평범한 회사를 위대한 회사로 도약시킨 리더들과 함께 일하거나 그들에 대해 글을 쓴 사람들은 '조용한', '자신을 낮추는', '겸손한', '조심스러운', '수줍어하는', '정중한', '부드러운', '나서기 싫어하는', '말수가 적은', '자신에 관한 기사를 믿지 않는' 등의 단어나 표현을 계속 썼다"고 밝혔다.

또 오늘날 경영 기법의 하나로 알려진 '페덱스(FedEx) 방식'과 유교의 '덕치 경영론'은 거의 동질적 형태를 보여준다. 페덱스 방식은 P-S-P라는 간단한 정식으로 요약된다. 앞의 P는 사원(People)의 만족을 뜻하고, S는 그 사원들이 외부에 제공하는 서비스(Service)의 질을 뜻하며, 마지막 P는 소비자의 만족으로 인해 늘어나는 소득(Profit)을 뜻한다.

여기서 첫 번째 P가 근자열(近者悅)에 해당한다면 마지막 P는 원자래(遠者來)로 치환할 수 있다. 세계적 물류기업인 페덱스 운송회사의 성공 비결과 논어에서 제시하는 덕치 경영론이 서로 상당히 부합하고 있다.

페덱스의 프레드 스미스 회장은 이렇게 말했다.

"우리가 사람(종업원)들을 지성으로 보살펴주면 그들은 고객이 원하는 완벽한 서비스를 제공해 줄 것이다. 그러면 고객들은 회사의 미래를 확실하게 다지는데 필요한 이익을 가져다 줄 것이다."

-마단 비를라의 《페덱스 방식》 중

요컨대 공자의 덕치(德治), 스스로를 낮추고 상대를 배려함으로써 획득되는 '덕의 리더십'은 오늘날 자본주의 기업을 경영하는 데도 필수 미덕이다.

3. 공자의 신(信)과 현대 경영의 트러스트

논어 제1편 '학이(學而)'에 가장 많이 출현하는 단어는 뭘까. 많은 사람들은 공자 사상의 핵심어인 인(仁)이라고 생각한다. 그러나 사실은 그렇지 않다. 가장 많이 나오는 단어는 바로 신(信)이다. 또 논어의 노른자위라고 할 수 있는 제4편 '이인(里仁)'에는 신뢰에 대한 논의가 다음과 같이 연쇄적으로 출현한다. "옛사람들이 말을 함부로 내뱉지 않았던 것은 몸(실천)이 말을 따르지 못할까 부끄러워했기 때문이다(古者言之不出 恥躬之不逮也)." "스스로를 잘 단속한다면 실수할 일이 적어진다(以約失之者鮮矣)." "군자란 말은 어눌하게, 행하기는 재빠르고자 한다(君子欲訥於言而敏於行)."

이런 언술을 바탕으로 공자는 사람의 사람다움은 곧 신뢰에 있을 뿐이라고 천명하며 "사람으로서 신뢰가 없다면 그가 사람인지 알 수 없다(人而無信 不知其可也)"고 말했다. 신뢰 없는 인간은 짐승으로 추락한다는 뜻이다. 신뢰를 뜻하는 한자 신(信)이 말(言)과 사람(人)으로 구성되어 있다는 점은 이 대목에서 여러모로 그 뜻을 헤아려보게 만든다.

인간의 야만성을 벗게 해준 신뢰

신뢰의 조건은 말이 잘 소통할 수 있도록 사람들이 그 말을 제대로 실천하는 것에 있다. 이것이 논어에 나오는 "아비는 아비답고 자식은 자식다워야 한다(君君臣臣 父父子子)"라는 지적의 뜻이다. 아비가 아비답지 못한 짓을 하면 부자관계를 이룰 수 없고, 부자관계를 이루지 못하면 '아버지', '아들'이라는 말은 의미를 잃고 껍데기가 된다.

이래서는 신뢰의 전제인 관계를 이룰 수가 없다. 관계가 망가져 말이 통하지 못한다면 사회가 아니라 뒤죽박죽 엉클어진 야만 상태다. 사실은 이것이 춘추시대의 사회 현실이었다. 이에 공자는 관계의 직분, 즉 "명분(名分)을 어기는 것은 곧 하느님께 죄를 짓는 것이라"고 경고했다.

이 때문에 공자 사상의 특징으로 정명(正名)을 들기도 한다. 정명이란 '이름을 바로 잡는다'는 뜻이다. 여기서 이름이란 고유명사로써의 이름뿐만 아니라 아버지라는 이름, 자식이라는 이름, 교수라는 이름처럼 직분의 명칭도 아우른다.

'호랑이는 죽어서 가죽을 남기고 사람은 죽어서 이름을 남긴다'라는 속담 속 '이름'도 이와 다르지 않다. 그러니까 이름이란 곧 사람됨의 전부다. 사람다움의 전체가 이름에 달려있다고도 할 수 있다. 사람이 굶어죽을지언정 이름을 더럽히지 않으려는 것이 '명예'다.

그런데 명예는 오로지 이름과 말이 힘을 발휘하는 문명사회에서 가능한 일이다. 공자 생각에 야만 상태에서는 정치나 경영이 존재할 수 없다. 정치와 경영은 언어의 힘, 말의 힘이 통용되는 곳에서만 존재할 수 있기 때문이다. 언어의 힘이 곧 신뢰다. 또 신뢰는 정치와 경영의 핵심이다. 따라서 아래에 인용하는 공자와 자공 사이의 대화는 국가 경영의 핵심 요소가 무엇인지를 알려주는 중요한 대목이다.

> 자공: 국가 경영(정치)의 요체는 무엇입니까?
> 공자: 경제(食)를 풍족히 하고, 군사력(兵)을 튼튼히 하며, 백성들이 신뢰하는(信) 것이다.
> 자공: 부득이 버려야 한다면, 이 셋 가운데 무엇을 버려야 합니까?
> 공자: 군사력을 버려야지.
> 자공: 만부득이 또 버려야 한다면, 나머지 둘 가운데 무엇을 버려야 합니까?
> 공자: 경제를 버려야지. 백성들이 신뢰하지 않는다면 공동체가 성립되지 않기 때문이다.

여기서 공자는 국가 경영의 3대 요소를 제시하고 있다. 첫째가 경제(食), 둘째는 군사력(兵), 셋째는 신뢰(信)다. 그런데 자공의 추궁 끝에 이 세 요소가 병열하지 않고 차등을 가진 가치라는 사실이 드러난다. '신뢰(信) 〉 경제(食) 〉 군사력(兵)'의 순서다.

이 대목에서 일본의 논어학자 미야자키 이치사다는 다음과 같이 공자 사상의 정곡을 찌른다.

"공자가 중요하게 여겼던 것은 신뢰(信)다. 신뢰란 평등한 사람과 사람 사이의 기본적인 상호의존의 원칙이다. 공자의 논어를 봉건적 상하 관계에 작용하는 멸사봉공이라는 뜻으로 충효(忠孝)를 가르친 책이라고 읽는 것은 도쿠가와시대의 봉건제에서 살았던 일본 사람이 자기의 봉건사상을 바탕으로 이해하는 것과 다름없다."

신뢰가 없다면 인간사회도 없다

공자 경영론의 핵심은 '신뢰(Trust)'에 기초하고 있다. 오늘날 자본주의 시장경제에서도 마찬가지다. 아니 실은 2500년 전 춘추시대나 오늘날 자본주의시대나 먼 훗날 2500년 뒤 '사이보그시대'라도 인간이 사회를 구성해서 살아가는 한, 신뢰는 핵심 가치일 수밖에 없다. 모든 사회활동, 기업 경영, 국제무역, 국가운용의 돌쩌귀는 '신뢰'에 있다고 해도 과언이 아니다.

우리의 주머니에 들어 있는 '크레디트 카드'의 크레디트(Credit)가 개인적 차원의 신뢰를 뜻한다면, 국제무역의 기초인 신용장(L/C, Letters of Credit)의 크레디트는 국제적 차원의 신뢰다. 더 나아가 신뢰는 자본주의 체제의 핵심이기도 하다.

1990년대 후반 우리나라의 국가 주도 자본주의 체제의 근간을 허물었던 외환위기가 '신뢰성 위기'에서 비롯되었듯 2000년대 후반 미국에서 발화된 국제금융계 파산과 세계적 불황 역시 '신뢰의 위기'

에서 터져 나온 것이다. 얼마 전 부산저축은행 사태에서 빚어진 분노의 뿌리도 신뢰의 위기에 다름 아니다. 이 때문에 한국 자본주의의 핵심인 금융과 화폐 유통에 대한 '신뢰'를 책임지는 금융감독원이 원성을 사고 말았다.

미국 듀크대 교수이자 회계학자인 캐서린 쉬퍼는 미국 금융위기의 단초를 제공했던 엔론(Enron) 사태를 돌아보며 "신뢰성이 무너지면 자본주의 근본이 흔들린다"고 지적했다. 그는 "자본시장에서 신뢰를 잃는다는 것은 자본을 시장에서 조달할 수 없다는 뜻이다. 그렇다면 기업들도 무너지고, 결과적으로 자본시장도 생존할 수 없는 것이다. 자본시장뿐 아니라 자본주의의 축이 모두 무너지는 엄청난 결과가 초래될 것이다. 그만큼 자본시장에서 정보의 신뢰성은 매우 중요한 역할을 하고 있는 것이다"라고 말했다.

공자의 경영론적 의의는 폭력이나 금력을 국가 경영의 유일한 도구로 여겼던 당시 사람들에게 '정치나 경영은 폭력과 돈의 힘이 아니라 언어와 신뢰의 힘에 기초한다는 사실'을 알려준 데 있다. 이 점은 동양의 사상사에서 분수령에 해당한다. 요컨대 공자는 그 이전 샤먼의 힘(신화)과 폭력의 힘(무력)에 이끌렸던 인간 사회를 신뢰가 통용하는 문명사회로 전환시키려했던 최초의 사상가였다.

4. 공자는 지식경영의 대가

공자는 스스로를 두고 '덩어리 지식'을 일방적으로 주입하는 교사가 아니라, 주어진 문제를 질문자(제자)와 함께 더불어 연구하고 또 해결하는 '지식경영자'로 여겼다. 논어에 나오는 다음 구절이 이 같은 자기인식을 확인해준다. "나는 나면서부터 안 사람이 아니다. 다만 옛사람들의 말을 좋아하여 그 말뜻을 민감하게 구하려는 사람일 따름이다(我非生而知之者 好古敏以求之者也)."

당시 제자들 사이에 공자를 천재나 성인으로 추앙하는 분위기가 분명 있었다. 그러나 공자는 자신의 가르침이 태어나기 전부터 머릿속에 저장된 '지식 덩어리' 곧 생이지지(生而知之)가 아니라, '지금 여기' 현장에서 질문을 기화로 문제를 해결하는 와중에 앎과 지식이 이뤄지는 것임을 민이구지(敏以求之)라는 말로써 드러냈다.

이 넉자 가운데서도 '민감함(敏)'이야말로 지식경영의 핵심이다. '민'자는 공자의 진솔한 배움에의 자세, 열린 마음가짐 등을 표상하고 있다. 공자가 일방적으로 가르침을 내리는 교육자가 아니라, 제자들과 함께 더불어 앎을 추구하고 문제를 풀어가는 '상호적 지식경영자'로서 면모는 논어에 나오는 다음 술회에서 더욱 환하게 나타난다.

"내게 아는 것이 있더냐? 나는 따로 아는 것이 없다. 어떤 천한 사람이 내게 질문하더라도 나는 텅텅 비었을 뿐. 다만 그의 질문을 두고 이모저모를 헤아려 이치를 다할(竭) 따름이다(吾有知乎哉 無知也 有鄙夫問於我 空空如也 我叩其兩端而竭焉)."

이 문구에서 핵심적인 단어는 갈(竭), 곧 '사려를 다함'이다. 앞에서 공자 학술의 특징을 술회하면서 '생이지지'가 아닌 '민이구지'였다고 했을 때, '민'자에 방점이 찍힌 것과 마찬가지로 여기서는 '오롯이 힘을 다함(To do best)'을 뜻하는 '갈'자에 방점이 찍힌다.

배움에 급급한 존재가 되라

그러므로 공자 스스로 스승을 자처한 적이 단 한 번도 없었고, 다만 '배움에 급급한 존재'로 규정했던 것은 단순히 겸양이 아니라 내력이 있는 객관적 진술이라고 해야 할 것이다. "열 가구로 이뤄진 조그만 마을에조차도 나만큼 성실하고 또 믿음성이 있는 사람이야 있겠지만 호학(好學), 곧 나만큼 배우기 좋아하는 사람은 없으리라"는 논어의 술회가 그러하다.

여기 '호학'이라는 말은 남들보다 열심히 공부한다는 따위의 자기자랑이 아니다. 자신의 무지에 대해 스스로 분노하고 또 새로운 앎에 대해 갈증을 느끼는 일종의 결핍 의식을 드러낸 것이다. 배우는 순간만이 삶이요, 배우는 존재만이 인간으로 여긴 사람이 바로 공자다.

그가 음악을 배우던 때를 회상한 논어 대목을 보면 이 같은 해석이 명확하다. 공자가 제나라에서 고전음악인 소(韶, 순임금의 음악)를 처음 듣고 배우게 됐다(子在齊聞韶). 음악을 배우는 석 달 동안 고기를 먹어도 고기 맛을 모를 정도로 몰두했다(三月不知肉味). 음악을 다 배우고 난 뒤 공자는 "음악이 이런 경지에 이를 줄을 이전에는 미처 생각하지 못했다(不圖爲樂之至於斯也)"고 말한다.

새로운 지식이나 이해하지 못할 사태 앞에 그것을 알려고 드는 오롯한 마음, 이것이 공자의 공자다움을 구성한다. '호'와 '학' 가운데 '학'도 중요하지만 실은 '호', 좋아함이야말로 지식경영의 핵심 성분이다. '호'에는 상대방(지식)에 대한 솔깃한 마음과 수용하려는 적극적 자세가 깃들어있다. 더 깊이 호학의 속살을 세분하면 열린 마음과 경청하는 자세, 그리고 배움과 익힘의 과정이 그 구성 성분이다.

확장하자면 공자에게 호학하는 존재, 즉 배우고 또 익히는 사람만이 인간이다. 외부의 지식, 알지 못하는 대상을 학(學)하여 배우고, 그것을 몸소 익혀서(習) 내 것으로 소화하는 순간 터져 나오는 충일한 기쁨(悅)을 느끼는 존재가 인간이라는 것이다. 이렇게 읽자면 '학이시습지 불역열호(學而時習之 不亦悅乎)'라는 논어 첫 대목은 공자의 '인간 선언'이 된다. 배워서 익힘에 기쁨을 얻는 존재만이 인간이고, 그렇지 못한 자는 짐승이라는 뜻이다.

공자의 지식경영 목표는 안목을 틔우는 것이었다. 이를테면 '민이구지'의 '민(敏)'이 표상하는 민감성(Sensitivity), 무지한 사람의 질문에 대해서도 견지했던 '양단이갈언(兩端而竭焉)' 속 '갈(竭)'의 자세, 그리고 '호학'의 '호(好)'에 담긴 열린 마음(Open mind)으로 세상살이와 사람됨의 의미를 각성하는 것이 공자 지식경영의 정체였다. 사물과 사건에 대한 '민감성', 사람과 사안을 대할 때 '최선을 다하는 것(To do best)', 그리고 '열린 마음'이야말로 공자 제자들이 학습해야 할 참된 지식이었던 것이다.

지식경영 리더는 오케스트라 지휘자

전 세계 인터넷 이용자들이 선의로 제공하는 지식을 바탕으로 만들어지는 '위키피디아'를 보면 인간이란 맹자가 말한 것처럼 성선설에 기초한 존재, 즉 '선의의 동물'임을 절감하게 된다. '사람의 사이(人間)'가 사람 본연의 측은지심으로 인해 평화를 이뤄낸다면 '지식의 사이', 곧 인터넷 세상도 서로에 대한 신뢰와 개개인의 자발성으로 구성되는 세계라는 점에서 다르지 않다. 이런 점에서 사이(間)는 도덕주의적 특성을 본질적으로 내장하고 있는 듯하다.

인터넷의 도덕주의적 형태는 웹이 개방되어야 한다고 믿는 '오픈소스' 운동이나 '군중의 지혜'를 신뢰하는 비영리모델인 위키피디아에 이르기까지 다양하게 표출되고 있다. 또 빌 게이츠가 기업의 역할을 보는 관점을 넓혀 시장의 힘으로 가난한 나라를 도와주는 창조적 자본주의(Creative capitalism)를 제시한 것도 지식사회의 특성인 도덕주의에서 비롯된 것이라고 해석할 수 있다. 그렇다면 지식경영의 리더십도 이런 도덕주의적 구조에 적응하지 않으면 안 된다.

동시에 지식사회에서는 상부에서 아래로 지시하고 명령하는 지배적 리더십, 또는 카리스마적 지도자의 가치가 상실될 수밖에 없다. 안철수 서울대 융합과학기술대학원장은 최근의 지식사회 특징을 '수평적 사고와 융합의 시대'라고 밝힌 바 있다. 특히 아이폰을 대표적 사례로 들었다. 아이폰은 단순한 단말기가 아니라 플랫폼이다. 콘텐츠와 이익을 나누는 수평적 네트워크 모델을 구축하고 있는 플랫폼인데, 하청업체에게 가장 저렴한 부품을 공급받는 수직적 모델이 아니라 도와줄 수 있는 관계 회사를 자신의 편으로 끌어 들여야 하는 일종의 연합군 모델이라는 해석이다.

이 모델을 잘 수행하려면 상대방을 나와 동등한 관계로 인정해야 한다. 균형 감각이 중요하다. 일본의 여류작가 시오노 나나미가 "균형 감각이란 양극단의 중간점이 아니라 오히려 극단을 오가면서 최적점을 찾으려고 노력하는 과정"이라고 말한 것처럼, 답은 한쪽에 있지 않고 항상 움직인다. 안 원장은 이제 세상을 그런 눈으로 봐야 한다고 주장했다.

에릭 슈미트 구글(Google) 회장의 면모는 지식경영 리더십을 관찰하는데 좋은 창구가 된다. 슈미트 회장은 구글에 초빙되자마자 창립자이자 엔지니어인 페이지와 브린이 기술과 상품에 집중하고 싶어한다는 사실과, 일을 방해하는 관료주의를 혐오한다는 사실을 파악했다. 그래서 그는 두 창립자와 엔지니어들에게 훌륭한 관리자란 엔지니어를 자유롭게 해주고 관료주의를 혁파하며 자원을 효과적으로 분배하고 투명성을 높일 수 있는 재무 시스템을 제공하는 사람이라는 점을 보여주기로 마음먹었다.

슈미트는 '구글의 윤활유', 그가 스스로 쓰는 표현을 빌리자면 '포수(캐처)'가 되었다. 구글의 문제를 다 잡아내겠다는 의지를 담고 있는 표현이다. 그는 결정해야 할 일을 촉진하고, 경영시스템을 만들고, 재정분석가나 기자와 만나고, 산업과 정부를 구글과 연결하는 중요한 통로 역할을 한다. 두 창립자에게 이런 것은 혐오스러운 업무였으나 구글이라는 기업 입장에서는 매우 중요한 일이다.

슈미트 회장의 역할은 지식경영자가 실천해야 할 업무의 특성과 접근 자세를 잘 보여준다. 요컨대 업무상 장애 요건들을 없애고, 업무의 동선을 단순화 하며, 소통을 가능하게 만들어 안팎의 요구를 연결시켜주는 작업, 이것이 지식경영자의 업무다. 지식사회를 일찌감치 예측한 피터 드러커(P. Drucker)는 정보 기반 조직의 리더십은 달라야 한다고 설파했다.

정보 기반 조직은 전문가들로 구성되어야 하며, 따라서 그들에게 업무 처리 방법에 대해서 말하는 것은 금물이다. 예를 들어 오케스트라 지휘자가 프렌치 호른 연주자에게 호른 연주 기법을 가르쳐줄 수는 없는 것과 같다. 지휘자의 역할은 프렌치 호른 연주자의 기량과 지식이 전체 연주의 틀에 맞도록 유도하는 것이다. 정보 기반 조직의 리더는 이처럼 모든 조직원의 역량이 어느 하나의 초점에 집중되도록 유도하는 역할을 맡아야 한다고 드러커는 주장했다.

지식사회 경영리더십은 꼭 오케스트라의 지휘자와 닮았다. 뿐만 아니라 지식산업의 경영자는 스스로 끊임없이 배우면서 자신을 혁신해 나가는 삶을 살아가야 한다. 남에게 지식과 학습, 혁신과 창의를 요구하는 리더가 아니라 스스로가 학습과 혁신, 지식의 습득을 실천하는 것이 지식경영시대의 또 다른 특징이다. 애플의 스티브 잡스나 구글의 창업자들이 모두 엔지니어이면서 끊임없이 배우고 학습하며 토론하는 리더라는 사실이 좋은 예다.

피터 드러커는 진정으로 '위대한 사람'이자 '진짜 지도자'는 일반적인 통념과는 완전히 다른 모습이며 다르게 행동해야 한다고 그의 자서전에서 밝혔다. 위대한 리더는 사람들을 카리스마로 이끌지 않고 노력과 헌신으로 이끌어야 한다. 모든 것을 자기 손아귀에 집중시키는 것이 아니라 하나의 팀을 구성해 나아간다. 또 조종이 아닌 성실성으로 지배하며, 영리한 것이 아니라 단순하고 정직해야 한다고 주장했다.

오늘날 지식경영시대의 리더는 앞장서서 가르치고 말하는 존재가 아니라, 주변으로부터 듣고(경청) 실패로부터도 배우려는(학습) 자세를 갖춰야 한다. 이런 점에서 공자의 다음 조언은 지식경영시대에 한 지침으로 삼을만하다. "남이 나를 알아주길 바라지 말고, 도리어 내 주변에 스승이 있음을 알지 못함을 근심하라(不患人之不己知 患不知人也)." "세 사람이 길을 가도 반드시 스승이 있게 마련이다. 잘하는 사람에게선 그렇기를 배우고, 못하는 사람에게선 '저렇게 하지 말아야겠다'는 것을 배워야 한다(三人行 必有我師焉 擇其善者而從之 其不善者而改之)."

5. 논어에 담긴 '창의력 자본주의'

마이크로소프트 창업자인 빌 게이츠는 우리의 미래를 '창의력 자본주의'라고 명명한 바 있다. 또 아이폰, 앱스토어, 구글 같은 첨단 제품과 서비스, 새로운 기업들을 보면 이렇게 말하는 듯하다. "남이 생각하지 못한 것을 상상해 창조할 때만 큰돈을 벌 수 있다!"
그렇다면 미래 자본주의를 지탱할 창의력은 어디서 유래하는 것일까? 창의력 자본주의를 여실히 보여준 애플의 스티브 잡스가 이에 대한 실마리를 언급했다. 그는 "애플은 언제나 기술과 인문학의 교차점에 있어 왔다(Apple has been always existed between technology and liberal arts)"고 말했다. 인문학과 첨단기술은 멀리 떨어져있지 않고, 오히려 인문학이야말로 창의력을 기르는 힘이라는 주장이다.

흥미로운 사실은 잡스가 청년 시절 심취했던 분야가 한자의 서체, 곧 서예(書藝)였다는 점이다. 이것은 한자와 인문학이 가진 창의성과의 관련성을 귀띔해준다. 또 현대 추상화가인 피카소(P. Picasso)가 한자의 세계에 오랫동안 빠져 있었던 이력은 창의력과 한자, 혹은 동양 사상과의 연관성을 암시한다. 피카소는 "내가 중국인으로 태어났더라면 화가가 아닌 작가가 되었을 것이다. 나는 그림을 '쓰고' 싶다"고 언급한 바 있다.

창의력이란 천재들만 타고난 우연한 자질이 아니다. 또 상상력이란 백일몽 같은 환상을 두고 이른 말이 아니다. 여기에 인문학의 의의가 있다. '태양이 처음 떠오른 이래 새로운 것은 존재하지 않는다'라는 속담처럼 인문학적 모델(고전)에 대한 침착한 독서와 이에 대한 새로운 시각의 조명일 따름이다. 연암 박지원의 문장론인 '법고창신(法古創新)', 즉 '옛 것을 본으로 삼아 새로운 문화를 창조한다'는 의미가 바로 이것이고, 공자의 '온고지신(溫故知新)'도 이와 다르지 않다.

창의력을 기르는 데 있어 논어의 용도는 인간 사회의 '경영 모델'을 제공해준다는 점에 있다. 여기서 경영이란 국가 경영이든, 기업 경영이든, 사회단체(NGO)든, 가족이나 개인의 삶이든 모든 '관계 맺기

기술'을 포괄한다. 인간의 역사 가운데 최악이었던 춘추시대의 환란 중에 짐승으로 타락하는 인간의 꼴과 정글로 추락하는 사회를 구출하기 위한 모델이 논어 속에 존재하기 때문이다.

사물의 속살을 보는 겹눈을 길러라

문제는 '눈(안목)'으로 좁혀진다. 그렇다면 눈, 즉 '새로운 안목'은 어떻게 얻을 수 있을까? 논어 속에서 눈에 대한 논의를 찾아본다. 공자 당대에도 오늘날처럼 직장을 얻기가 어려웠던 모양이다. 논어에 보면 제자 자장이 스승인 공자를 찾아와 '직장 구하는 법'을 묻는다. 이에 공자가 말했다.

"많이 듣고 그 중에 '아니다' 싶은 것은 내버려라. 그 남은 것을 신중하게 말하면 큰 잘못은 없을 것이다. 둘째로, 이것저것 많이 보아라. 그 중에 '아니다' 싶은 것들은 버려라. 그 나머지를 삼가서 행동으로 옮기면 큰 실수는 하지 않을 것이다. 이렇게 말과 행동, 즉 언행에 잘못이나 실수가 없다면 자연히 직장이 생길 것이다(多聞闕疑 愼言其餘 則寡尤 多見闕殆 愼行其餘 則寡悔 言寡尤 行寡悔 祿在其中矣)."

이 대답 속에 공자가 계시하는 '눈'의 의미가 언뜻 드러난다. 우선 '다문궐의(多聞闕疑)'다. 많이 듣고 그 중에 '아니다' 싶은 것을 내버리는 과정은, 곧 귀에 들리는 것을 흘려듣지 말고 '다시금 들어라'라는 뜻이다. 다음은 '다견궐태(多見闕殆)'다. 많이 보고 그 중에 '아니다' 싶은 것을 버리라는 것은 육안으로 보는 것을 '다시금 보라', 즉 보는 것을 새겨 보라는 뜻이다.

다시 말하자면, 그냥 보아 넘기지 않고 보는 것을 다시금 (각성하여) 보는 눈에 직장이 걸려있다. 듣는 것을 그냥 흘려듣지 않고, 듣는 것에 브레이크를 걸어 (각성하여) 듣는 귀에 취업의 문이 열린다. 그리고 그렇게 보고 들은 것을 조심스럽게 실천(작품화)할 때 '돈이 생긴다(祿在其中矣).'

이건 곧 사물을 적어도 두 겹으로 보고 또 들으라는 권고다. "세상이 나를 알아주지 않는다"라며 징징대지 말고, 또 기업이 요구하는 스펙에 목매달지 말고, 사물의 피상만을 훑고 지나가는 눈을 웅숭깊게 만드는 길로 나설 때 제대로 된 직장이 생기리라는 공자의 조언은 오늘날도 직통하는 가치가 아닐까.

여기 공자가 자장에게 권고한 직장 구하는 방법은 놀랍게도 추상화가 피카소가 권고한 내용과 같다. 루트번스타인의 저서《생각의 탄생》에 보면 피카소는 이렇게 말한다. "그저 보지만 말고, 생각하라! 표면적인 것 배후에 숨어있는 놀라운 속성을 찾아라! 눈이 아니고 마음으로 읽어라!" 또 스티브 잡스가 말한 '기술과 인문학의 접점에 애플이 있다'는 말이 가리키는 지점도 이 근처다.

낯익은 것을 낯설게 보라

'안다'는 것도 '본다'는 것과 전혀 다를 바 없다. 논어에서 공자는 "아는 것은 안다는 사실을 알고, 모르는 것은 모른다는 사실을 아는 것, 이것이 참된 앎이다(知之爲知之 不知爲不知 是知也)"라고 말한다.

여기 '안다는 사실과 모른다는 사실을 아는 것'이란 앎이 정보나 지식의 단순한 습득이 아님을 뜻한다. 참된 앎이란 무지의 각성, 즉 모른다는 사실을 아는 것이다. 이것은 꼭 소크라테스가 '너 자신을 알라', '자신의 무지를 알 때라야 제대로 된 앎이 된다'라던, 철학(Philo-sopia)의 본래 뜻과 다르지 않다.

공자는 또 이렇게 말한다. "모르는 것을 아는 것은 좋아하는 것만 못하며, 좋아하는 것은 즐기는 것만 못하다(知之者不如好之者 好之者不如樂之者)." 무식한 것보다는 아는 것이, 또 아는 것보다는 좋아하는 것이, 그리고 좋아하는 것보다는 즐기는 것이 낫다는 단계론적 제시다. 이 같은 '앎의 단계론'에서 우리는 배움의 성취가 고작 '안다 또는 모른다' 사이의 이분법이 아니라 켜켜이 여러 차원에 있음을 알게 된다.

다시 정리해 보자. 앎이란 모른다는 것을 (각성하여) 아는 것이고, 본다는 것은 눈에 보이는 것을 다시금 (각성하여) 보는 것이며, 들음이란 귀로 듣는 것을 다시금 (각성하여) 듣는 것이다. 그리고 삶(인생)이란 앎과 봄, 그리고 들음이 계속 나선형적으로, 차차 쌓여가거나 또는 깊어져 가는 과정이다. 그러니까 참된 앎과 진정한 보기, 제대로 듣기란 겹겹으로 이뤄져 있다.

정녕 앎이란 두 겹, 아니 세 겹, 다섯 겹으로 이뤄져있다. 가령 '맹자'에 보면 공자는 한 사건을 두고 세 가지로 나눠 볼 줄 아는 눈을 가졌었고, '금강경'에 보면 석가모니는 다섯 개의 눈, 즉 육안(肉眼), 천안(天眼), 혜안(慧眼), 법안(法眼), 그리고 불안佛眼)이라 하여, 다섯 겹의 안목들을 갖췄던 것이다.

대중들 눈에 보이는 피상(皮相)의 거죽 말고 그 아래 층층이 들어차 있는 여러 겹의 속살을 뚫어서 볼 때, 이것을 '통찰력'이라고 한다. 그제야 일상적인 삶은 갑자기 비상하고 낯선 새로운 것으로 확 달려든다. 이것이 '대학'에서 지적한 '일신우일신(日新又日新)'의 뜻이다. '날마다 새롭고 또 날마다 새롭다'는 말이 어찌 매일매일 새로운 도시를 찾아 관광하는 것을 뜻하겠는가. 지금 여기 이 땅에 붙박이로 살면서 매일매일 똑같은 일을 거듭 하더라도, 남들의 눈에는 심드렁한 하루하루가, 내게는 순간순간 낯설고 새로우며 설레는 시공간으로 주름져서 덤벼드는 것이 일신우일신의 경지다. 또 그런 순간에 피어나는 것이 창의성이다.

그렇다면 일신우일신의 새로움, 상상력 그리고 창의성을 기르는 방법은 무엇일까? 공자가 이른바 '민이호학(敏而好學)'이라 하여 "민감하게 배움을 좋아한다"라고 했던 그 예민한 감성과 호학의 자세에서 비롯된다. 열린 마음으로 민감하게 대상과 호흡을 같이 해야 지금 내 주변을 새로운 눈으로 각성하여 바라볼 수 있기 때문이다. 오늘을, 내일을 위한 수단으로 밀쳐버리지 말고, 지금 이때를 매 순간 절실히 느끼면서 살아갈 때라야 제대로 '살아 있는 사람'이 되는 것이다.

흥미롭게도 자기 주변을 낯설게 바라보는 자세는 서양에서도 창의력을 기르는 지름길로 제시된다. 창의적 사고론을 제시한《생각의 탄생》저자 로버트 루트번스타인은 창의력을 기르려면 사물과 현상을 '낯설게, 거꾸로' 보라고 조언한다. 그는 "뛰어난 업적을 남긴 과학자들의 사례를 분석해 본 결과 기본적으로 이들은 현상을 '거꾸로' 보는 사람들이었다. 어떤 패턴이든, 어떤 모양이든 항상 회전해 보고, 거꾸로 보며, 다양한 각도에서 분석했다"며 창의성을 기르기 위해 이같은 시각이 매우 유용하다고 말했다.

그러나 고작 피상만 훑어보는 눈으로는, 즉 '육안'의 눈으로는 '일신우일신'하는 웅숭깊은 안목들이 그저 상상으로 꾸며낸 허구로 여겨질 뿐이다. 공자가 논어에서 지적한 것처럼 "소인배들은 천명을 알지 못해 까불어대며, 위대한 사람들을 없이 여기고, 성인의 말씀에 콧방귀를 끼곤 한다(小人不知天命而不畏也 狎大人 侮聖人之言)." 예나 지금이나 다 '아는 만큼 보이는 노릇'이기 때문이다.

눈에 비치는 것을 사실로 여기는 소인배의 눈으로는 새로운 세계를 창조해낼 수가 없다. 소인배들이 허구라고 입을 비쭉거리는 저 '상상의 영역'이야말로 그들 눈에 비치는 사실 이상의 것이다. 왜냐하면 그 속에는 창조의 과정에 개입되었기 때문이다. 예술이나 과학 분야 모두가 그러하다. 아인슈타인은 "창조적인 일에는 상상력이 지식보다 더 중요하다"라고 단언한 바 있다.

피카소는 "예술은 사람들이 진실을 깨닫게 만드는 거짓말"이라고 했다. 비디오아트의 창시자 백남준이 "예술은 사기다"라고 했던 것도 여기서 멀지 않다. 즉 상상력이란 단순히 어떤 '진실'을 발견하게 하는 도구가 아니라, 도리어 상상력을 통과함으로써만이 진실이 구성되는 것다. 이 구성하는 힘을 따로 '창의력'이라고 부를 따름이다. 그러니 공자는 직장을 구하는 제자에게, 또 알고 모르는 것의 경계가 흐릿한 제자에게 창의력의 비밀을 귀띔한 셈이다.

논어에 보면 공자가 개천의 물을 보고 깨달음을 얻는 대목이 있다. "흘러가는 것이 이와 같구나. 밤과 낮을 가리지 않는구나(逝者如斯夫 不舍晝夜)." 개천의 물은 원래 그냥 흘러가는 것이거니 하며 대수롭지 않게 보아 넘겼던 공자였다. 하지만 어느 날 문득 물이 제 스스로 흘러가는 사실 자체가 낯설고 새로운 광경으로 확 덤벼든 것이다.

공자는 그 순간 개천을 재발견했다. 풍경처럼 존재하던 개천의 물이 어느 순간 자연의 주인공이 되어 불끈 돌출하고 그간 세계의 주인공이던 '나'는 물가에 선 손님으로 쪼그라들었다. 고작 개천에 불과했던 물 흐름이 갑자기 천지자연의 '자연스러움'을 체현하고, 우주의 중심이 나(사람)가 아니라 저 흘러가는 물임을, 물속에 자연의 진리가 흐르고 있음을 문득 깨닫고 토로한 것이다.

짧게 요약하자면 논어를 제대로 읽으면 창의력이 파생된다. 남의 밑에서 작은 돈으로 연명하고 싶지 않은 자존심 강한 사람들이라면, 또 남의 눈에 휘둘리는 노예(속물)로서의 삶을 견디기 어려워하는 사람이라면, 그리고 평생을 두고 대박을 터뜨릴 야망을 가진 젊은이라면, 인문학을 공부할 일이다. 그 속에서 삶과 경영의 새 모델을 찾아내고 또 그것을 재해석하는 눈을 통해 창의력이 싹을 피운다. 돌아가는 길 같지만, 실은 가장 가깝고 질러가는 것이 이 길이다.

더 읽으면 좋은 책

- 배병삼,《우리에게 유교란 무엇인가》, 녹색평론사, 2012.
- 배병삼,《논어, 사람의 길을 열다》, 사계절, 2005.
- 배병삼,《한글세대가 본 논어》(전 2권), 문학동네, 2002.
- 박기봉,《맹자》, 비봉출판사, 2010.
- 미야자키 이치사다,《자유인 사마천과 사기의 세계》, 다른세상, 2004.
- 피터 드러커,《피터 드러커 자서전》, 한국경제신문, 2005.
- 짐 콜린스,《좋은 기업을 넘어 위대한 기업으로》, 김영사, 2008.
- 게리 해멀,《경영의 미래》, 세종서적, 2009.
- 루트번스타인,《생각의 탄생》, 에코의서재, 2007.

미니박스 ②

포스코의 인문경영

국내 최대의 철강 기업인 포스코. 업종 특성상 이공계 출신 현장 직원들이 우대를 받을 수밖에 없다. 하지만 몇 년 전부터 포스코에는 인문학 바람이 불고 있다. 2011년 정준양 포스코 회장은 '지식생산성 향상의 해'를 선언하고, 경영의 스마트화를 적극 추진하겠다고 밝혔다.

포스코 직원들은 베스트셀러 《정의란 무엇인가》(마이클 샌델 저), 《좋은 기업을 넘어 위대한 기업으로》(짐 콜린스 저), 《클릭 서양미술사》(캐롤 스트릭랜드 저) 등 인문, 경영, 예술 등 다양한 분야의 책을 읽고 있다. 이 같은 책들은 포스코가 국내외 전문가에게 의뢰해 선정한 포스코 패밀리 권장도서 100권에 포함된 것이다.

포스코는 '철학(鐵學)'과 '철학(哲學)'을 아우르는 문리통섭형 인재 양성을 추구하고 있다. 이를 위해 토요학습, 수요인문학강좌, 월례학습 등을 진행 중이다. 통섭학습은 논어, 맹자 등 동양고전, '역사에서 경영을 만나다'를 주제로 한 세계사와 고고학에 이르기까지 다양하다. 또 포스코 패밀리 독서 골든벨을 개최하는 등 직원들의 독서에 대한 동기를 부여하는 프로그램을 마련했다.

이와 같은 노력을 통해 포스코는 고전에 기반을 둔 통찰력 있는 인재를 양성, 개발함으로써 직원들의 창의력을 높이고, 급변하는 자본주의 사회에서 보다 깊이 있는 기업 경영철학을 만들어 가고 있다.

Part 02

동아시아 역사 속 유교경영

상인, 유학을 실천하다: 중국 상인과 유가문화

이화승(서울디지털대학교 교수)

1. 중국과 유가문화

21세기, 중국의 경제성장이 세계의 주목을 받고 있다. 얼마 전까지 매년 10% 이상의 경제성장률이라는 경이적인 기록을 보이며 세계 무대에서 갈수록 그 위력을 발휘하고 있다. 원자재에서 완성품까지 이제 우리 일상생활에서도 중국과 관련 없는 상품이 없는 세상이다.

'메이드 인 차이나(Made in China)'에서 '메이드 바이 차이나(Made by China)'를 거쳐 '메이드 포 차이나(Made for China)'를 실현하는 데 불과 30여 년이 걸리지 않았다. 이러한 빠른 변화를 단지 큰 땅과 많은 인구의 힘으로만 돌리기에는 설득력이 부족하다.

그렇다면 오늘날 이 비약적인 중국의 경제성장을 어떻게 해석해야 할까. 어느 날 중국 경제가 갑자기 하늘에서 떨어진 것이 아닌 바에야 나름대로 합리적인 해석이 있어야 할 것이다. 굳이 중국의 국가 기원까지 거슬러 올라가지 않더라도 중국은 수천 년 동안 커다란 경제시스템을 가동시켜왔다. 또 적어도 16세기 이전까지 세계에서 가장 선진화된 사회·경제·문화시스템을 보유한 나라였다는 것도 상기할 필요가 있다. 이는 그 산업구조로부터 해석할 수 있다. 세계 4대문명이 모두 농업을 기초로 문화를 발전시키다가 점차 상업사회로 변화했는데, 오직 중국만은 이 농업문화를 기초로 그 사회·경제적 연속성을 유지해왔다는 특징을 가지고 있기 때문이다.

18세기, 유럽이 산업혁명으로 세계사의 주도권을 잡은 뒤에도, 농업문화라는 기본 구조를 고집한 중국은 그 경쟁에서 점차 뒤쳐지기 시작했다. 그러나 아편전쟁에 패한 뒤 강제로 상해를 비롯한 다섯 개의 항구를 여는 오구통상조약(五口通商條約) 등 외국 열강에 의한 불평등조약으로 점철된 근대사는 중국의 산업구조에 엄청난 변화를 야기했다.

신해혁명, 신중국 성립, 문화혁명, 개혁개방으로 이어지는 급격한 정치적 변화 속에서 중국인들은 '경제'에 대한 새로운 인식을 가지게 되었다. 즉, 중국 근현대사는 중국이 농업 위주의 경제구조에서 새로운 경제를 인식하는 패러다임을 탄생시키는 과정이었다고 해도 과언이 아닌 것이다.

이처럼 유례없는 경제구조의 변화에도 불구하고 이를 움직이는 중국인의 경제관 자체가 크게 변한 것은 아니었다. 중국인들은 그들이 오랜 기간 가져왔던 경제관을 기초로 급변한 환경 속에서도 여전히 자신의 발걸음으로 걷고 있다. 다만 바깥세상에 있는 사람들은 그 발걸음 속에 담긴 역사적 의미보다는 자신의 눈에 비친 속도에만 집중하여 코끼리 다리 만지는 식의 해석에 정신이 없을 뿐이다.

결국 중국은 오랫동안 농업사회를 움직이는 유가사상에 깊은 뿌리를 두고 있으므로 최근의 중국 경제를 이해하기 위해서는 유가 경제관과의 관련성을 살펴보는 것이 중요하다. 이런 점에서 중국인의 경제에 대한 이해는 바로 우리 자신을 발견하는 중요한 과정이라고도 할 수 있다. 우리 생활에 깊이 배어있는 문화적 동질성으로부터 현실적 차이에 대한 깊은 성찰을 통해 해답을 찾을 수 있다고 믿기 때문이다.

2. 중국 상업의 형성

중국 역사에 관심이 있는 사람이라면 한번쯤은 '선양(禪讓)'이란 정권이양의 방식을 들어보았을 것이다. 요(堯)임금이 순(舜)임금, 그리고 다시 순임금이 우(禹)임금에게 정권을 넘겨주던 시대의 이야기이다. 이들 세 사람 사이에는 아무 혈연관계가 없었다.

선양이란 정치 지도자가 지방 관리들의 추천을 받은 인물을 일정 기간 훈련을 시킨 뒤 '천하(天下)의 운영'을 맡긴다는 것이다. 이후 중국 역사에서 가장 이상적인 정권이양 모델이 되었다.

이 중 순임금에게 정권을 받은 우임금은 당시 유명한 물 관리 전문가였다. 물 관리 전문가가 새로운 지도자로 등용되었다는 것은 당시 중국사회가 수렵, 채집생활을 넘어 농경문화로 진입하고 있었다는 것을 말해주는 것이다. 우임금은 더 이상 선양을 실행하지 않고 혈족에게 정권을 넘겨 중국 최초의 왕조인 하(夏)나라의 시조가 되었다.

황화 중하류에 국가를 형성하면서 물을 잘 관리하면서 자연스럽게 농업을 국가의 주산업으로 발전시켰다. 점차 외연을 넓혀가던 하나라는 걸(桀)임금 때 이르러 황하 하류 지역에서 성장하던 상족(商族)의 탕(湯)에게 망하고 상은 하가 다스리던 지역까지 넓은 지역을 통치하게 된다.

인구가 많지 않았던 상족은 동쪽의 연안에서 서쪽의 섬서, 하북, 산서, 남쪽으로는 장강유역까지 1,500여 리가 넘는 넓은 영역을 다스려야 했다. 이들은 각지에서 일어나는 반대세력을 진압하고 안정적인 정치를 펼치기 위해 수도를 옮기는 방법을 선택했다.

결국 상나라는 잦은 전쟁과 천도로 인한 정정 불안 속에서 기원전 1122년 주(紂)임금 시절 제후 서백창(西伯昌)의 아들에게 망했는데, 그가 주(周)나라를 세운 무왕(武王)이다.

주나라는 상나라보다도 더 넓은 영역을 다스려야 했지만 본래 농업이 주산업이었으므로 상나라처럼 움직이는 방법보다는 각 지역에 자신과 혈연관계가 있는 사람들을 제후로 봉해 토지를 주고 조공을 받는 봉건제 통치방식을 만들어 냈다.

이 과정에서 정권을 빼앗긴 상의 후예들은 제후로 봉해진 소수를 제외하고는 모두 뿔뿔이 흩어져 새로운 생존방식을 찾아야 했다. 이들은 여러 지역을 떠돌면서 지역 간의 특성을 발견하고 다른 지역에서 생산되는 물건을 교환하는 업종으로 생업을 유지하게 되었다. 주나라 사람들은 옛 상(商)나라 사람들이 종사하는 업(業)을 '상업(商業)'이라 했으며, 이에 종사하는 사람들을 '상인(商人)'이라 칭했다. 이것이 우리가 장사하는 사람들을 칭하는 시초가 되었다.

이후 춘추전국시대로 접어들면서 각 나라 간 세력 경쟁을 위해 전쟁이 빈번하게 발발했다. 전쟁은 많은 피해를 유발했지만 다른 한편으로 지역과 지역의 벽을 허무는 계기도 되었다. 전쟁은 막힌 길을 뚫은 것이다. 새로운 길을 통해 지역을 오가는 많은 상인들이 탄생, 상업의 발전이 빠르게 진행되었다. 교역의 편리를 위해 도량형이 다양해졌고, 상인들의 다양한 활동과 함께 이들을 보호·견제하려는 사상과 법도 출현했다.

3. 상업에 대한 인식 변화

인류는 생물이다. 그리고 문화는 인류가 생존을 추구함으로서 시작되었다. 그 목적은 보다 나은 생활을 창조·유지하고 보호하며 연속성을 가지는 것이다. 문화와 경제의 관계를 고려한다면, 생존을 유지하는 것은 비교적 낮은 수준으로 단순한 경제행위를 의미한다.

생존을 충실하게 한다는 것은 이보다는 높은 수준으로 일종의 문화행위라고 할 수 있다. 경제행위는 비교적 단순하게 '자신의 필요(利己)'에서 시작하는 것이지만, 문화행위는 이에 비해 생명의 의미를 깨닫고 이에 적합한 규범을 만들며 이로부터 '의(義)'를 추구하여 생명의 의의를 승화하는 것이라고 할 수 있다.

중국 역사에서는 오래 전에 시장과 상업에 관한 흔적을 발견할 수 있다. 중국 고대 전설의 제왕인 삼황오제(三皇五帝) 중 하나인 염제(炎帝)시대에 '정오에 시장이 서면 사람들이 모여 물건을 교환하고 헤어졌는데 서로 필요한 것을 얻을 수 있었다(日中爲市, 致天下之民, 聚天下之貨, 交易而退, 各得其所)'는 기록이 있었고, 순임금도 선양을 받기 전 돈구(頓丘) 부근에서 장사를 하는 상인이었다고 했다. 그러나 개개인의 상인들이 직접 역사 문헌에 출현하는 것은 춘추전국시대에 이르러서이다. 자료는 많지 않지만 관중(管仲), 정현고(鄭弦高), 여불위(呂不韋) 등 경제력을 바탕으로 한 상인들이 직접 정치에 참여하거나 제후를 보좌하며 이른바 상인의 황금시대를 형성했다.

그러나 봉건제사회는 농업의 발전을 통한 자급자족 실현이 목표여서 상업은 단지 보조 산업일 뿐이었다. 문인들의 눈에 비친 상인은 마치 화병처럼 사실관계 옆에 서 있으면서 정치·사회 사건 속에서 시대적 교훈을 이끌어내는 부차적 존재에 불과했다.

제후, 장군, 책사들이 펼치는 화려한 무대에서 상인은 매우 불확실하고 불안정한 상태로 존재했다. 다만 많은 사람들에게 상업의 존재를 각인시키고, 상인의 목적과 행위에 대해 명확한 진단을 이끌어 낸 것은 이 시대의 커다란 성과였을 것이다.

농업사회가 안정될수록 상업과 상인에 대한 사회적 인식은 부정적으로 전개되었다. 우선 통치자들의 입장에서 본다면, 상업은 농업보다 월등하게 많은 이익을 창출하는 산업이었다. 따라서 상업 발전은 자칫 농업경제를 송두리 채 흔들 수 있다는 두려움이 있었다. 《전국책(戰國策)》에는 상인인 여불위가 인질을 구하기 위해 설득하는 과정에서 '밭에서 얻는 이익이 10배라면 상업에서 얻는 이익은 100배에 달한다'고 말한 내용이 나온다. 한비자(韓非子)는 상업이 농부의 이익을 침해하고 결국은 사직에 해를 끼치니 강력한 수단을 동원해 상인의 수를 줄이는 한편 사회적 신분을 제한해야 한다고 주장했다.

또한 영리 추구가 목적인 상인은 최소 자본으로 최대의 이윤을 추구하기 위해 수단과 방법을 가리지 않으니 '의(義)'를 중시하는 사회 개념에 위배된다고 보았다. 상인은 돈벌이가 목적이니 자연히 그의 행위는 '이익(利)'이 최우선이었다. 농업사회에서 생산자인 농부는 곡식을 재배하고 가축을 기르면서 눈에 보이는 노동에 가치를 부여한다.

이윤추구보다는 자기가 필요한 물품을 직접 조달하고 잉여 생산품을 교환하지만 매매에서는 공평함을 중시했다. 자연히 일한만큼 얻고 밭에서 흘리는 땀을 통해 노동은 결코 사람을 배신하지 않는다는 정직함을 느끼는 것이 '의로운' 생활이며 행복이고 후세에 전할 도덕적 가치로 인식되었다. 자연과의 호흡을 통해 고생을 경험하고 극복하며 그 과정에서 본분을 깨닫게 되는 것을 순리로 여긴다는 것이다.

이런 측면에서 본다면 '이'와 '의'사이에는 이미 대립적 관계가 형성된다. 이에 순자(荀子)는 '의로움만이 이익에 따라 움직일 수 있는 생활을 제어할 수 있다(以義制利)'고 주장했다. 자연스럽게 '의를 중시하고 이익추구를 경시하는(重義輕利)' 심리구조와 사회 관념이 형성되어 상인과 상업을 배척하고 천시하는 풍조가 자리 잡았던 것이다.

이는 상업을 억제해야 한다는 억상론(抑商論)으로 발전되고 농업이 본(本)인 사회에서 상대적으로 상업은 말(末)이 되어 본말이 바뀌어서는 안 되는 중농경상(重農輕商)의 정책으로까지 연결되었다. 농민이 천하의 근본(農者, 天下之大本也)이 되기 위해서는 상업을 제한해야 한다는 논리가 통치개념으로 형성되었던 것이다.

사회 전반에는 상인들이 품성이 간악하여 다른 사람의 노력과 부를 쉽게 빼앗으며 노력에 비해 지나치게 많은 이익을 얻는 무리들로 규정되었다. 지식인들은 끊임없이 이들이 사회에 미칠 부정적 영향을 우려하고 지적했다. 이익에 대한 지나친 집착, 부의 불균형, 사치, 관부(官府)와의 결탁으로 관료제도의 부패를 조장하고, 농민들이 더 많은 이익만을 위해 상업으로 직업을 바꿈으로서 사회가 불안정하고 혼탁해진다는 것이다.

여불위가 편찬한 《여씨춘추(呂氏春秋)》에는 이에 대한 경고가 나온다.

"백성이 농업을 버리고 상업에 뛰어들면 총명해진다. 총명하면 잘 속이고, 잘 속이다보면 법령을 교묘하게 농락한다. 시(是)가 비(非)가 되고, 비가 시가 될 수 있다."

결국 농업사회에서 상인은 배척을 당하게 되고 사회현상을 반영하는 문학작품에는 상인에 대한 온갖 부정적인 표현들이 난무했다. 작게는 개인적인 성향, 즉 '노력하지 않고 이익을 얻는다(不勞獲得)', '사기를 잘 친다(粗俗奸詐, 坑蒙拐騙)', '이익에 눈이 어두워 의리를 모르며 정이 없다(見利忘義, 重利忘義, 唯利是圖, 薄情寡義, 重利棄義, 重錢輕情)', '사치스럽고 음란하며 분수를 모른다(不軌奢僭, 淫亂奢侈, 驕奢

淫逸)'에서부터 '자신의 이익을 위해 공적 재산을 훼손하여 미풍양속을 해치는 사악한 존재로 큰 난을 일으킨다'고 비하했다.

일반적으로 '간교하지 않은 상인은 없으며(無商不奸), 재물을 탐하여 쾌락에 빠지면 결국 패가망신하니(肆意揮霍, 及時行樂, 財多身弱), 결국 유가사회에서 가장 중시하는 '인(仁)을 추구할 수 없는 존재(爲富不仁)'로 규정지었다. 이러한 결론은 당대에 이르러 사대부 집안에서 자제들 교육에 유행하던《태공가교(太公家教)》에 다음과 같은 구절이 등장하기에 이르렀다.

"상인 집안과는 혼인하지 말라. 그들은 오직 이익만을 탐하여 이웃하기에는 적합지 않다."

그러나 한편으로 이런 사회여론 속에서도 의와 이익 사이에서 균형을 찾아보려는 시도가 계속되었다. 선진시대부터 보이는 '의와 이에 관한 담론(義利之辨)'은 둘 사이에서 균형점을 찾으려는 노력이었다. 우선 공자와 맹자는 군자를 내세워 통치자가 백성의 복리를 위해야지 자신의 사사로운 이익을 추구해서는 안 된다는 주장을 했다(君子以利天下爲義). 만약 통치자가 '자신을 위해 이익을 취한다면(以利守己)' 곧 백성의 원망을 일으킬 것이며 바로 저항에 부닥칠 것이다(放於利而行, 多怨, 猛於虎)라고 경고했다. 묵가 역시 '의를 중요시(貴義)'하면서도 '이익도 중시(尙利)'하는 양자 사이의 통일성을 강조했다.

종합하자면 유가에서 의와 이의 담론은, 형이상학적 의를 중시하고 형이하학적 이를 경시했다기보다는 통치자 혹은 정부가 이를 천하에 도움이 돼야 하는 방향으로 운영해서 '백성에게 이익이 되는 것이 바로 진정한 이익이다(因民之所利而利之)'라고 보았다는 것이 적합한 해석일 것이다. 현대적 용어로 말한다면 경제의 발전을 통해 국민들의 복지생활을 향상시킨다는 것과 같은 맥락이라고 볼 수 있다.

4. 고대의 상인들

비록 사회 속에서 주류는 아니었지만 상업의 발전 속에서 장사로 큰 부를 축적한 상인들의 움직임은 주목할 만하다. 춘추전국시대 이러한 상인들의 모습을 잘 기록한 것은 한(漢) 때의 사관 사마천(史官 司馬遷)이었다. 사마천은 《사기, 화식열전(史記, 貨殖列傳)》에서 천하에 기쁨을 주는 실질적인 동력은 경제적인 이익, 즉 부이며 그 앞에서는 왕후부터 필부까지 조금도 다르지 않다고 갈파했다.

가난이 얼마나 무서운 것인지에 대한 두려움은 누구도 피해갈 수 없다는 것이었다. 따라서 가장 많은 이익을 주는 상업에 주목했다. 사마천은 상업으로 성공한 상인들과 그에 관한 일화를 소개했다.

사마천의 필력으로 살아나서 후세까지 중국 상인의 모델이 된 상인으로는 범여(范蠡), 자공(子贛), 백규(白圭)가 있다. 이들의 성공담에는 중국사회에서 상업이 단순한 돈벌이가 아니라 사회여론과 궤를 같이하며 상인의 인생철학이 담겨 있다 하겠다. 이들의 이야기는 오늘날까지도 중국 상인들의 행동양식을 결정하는 중요한 행동 준거가 된다.

먼저 범여(范蠡)는 월(越)나라 왕 구천(句踐)의 참모로 오(吳)나라 왕 부차(夫差)에게 세력 경쟁에서 패해 포로로 잡히는 수모를 당하기도 했다. 이후 와신상담하며 부국강병을 이루는 데 결정적인 역할을 했다. 그러나 구천이 자만하자 더 이상 자신의 역할에 한계를 느끼고 정계를 떠났다. 그는 신분을 속이고 주공(朱公)이라는 이름으로 교통의 요지인 제(齊)나라 도(陶)에서 장사를 시작했다.

그는 '상품을 보관했다가 시기를 골라 유통시키고 아랫사람에게 책임을 전가하지 않는다(治産積居, 與時逐, 而不責於人)'는 장사 철학을 실천했다. 이렇게 운영의 묘를 중시하고 사람을 잘 선택하며 시간의 변화에 대처하니 십 년 만에 세 번이나 큰돈을 벌었다.

그러나 그의 진가는 돈을 번 이후 나타났다. 장사로 번 돈을 개인의 호사보다는 가난한 이웃들에게 나누어준 것이다. 이로써 덕을 잘 베풀어(好行其德) 군자(君子)의 풍모를 보여주었다. 연로한 뒤에는 자손들에게 맡기고 후견인으로서의 모습을 유지하여 역시 큰돈을 벌었다. 이후 사람들은 돈을 많이 번 상인들에게 그의 이름을 빌어 도주공(陶朱公)이라 불렀고, 이 이름은 중국사회에서 좋은 부자를 칭하는 대명사가 되었다.

여유를 가지고 시간의 변화를 크게 보면서 어떤 상황에서도 실패를 남에게 전가하지 않는 자세, 뿐만 아니라 부를 이룬 후에도 가난한 이들에게 기회를 제공하는 것과 원로로서 자신의 역할을 분명히 규정했다. 이것은 상인으로서 유가사회에서 추구하는 최고 가치인 군자의 길을 걸었기에 후세 상인들의 롤 모델이 되기에 충분했다.

자공(子貢)은 공자의 칠십 명에 이르는 제자 중 한 사람이었다. 공자의 제자들은 출신이 다양했지만 자공처럼 짧은 관직 생활을 거쳐 장사에 뛰어든 경우는 흔치 않았다. 그는 조(曹)나라와 노(魯)나라를 오가며 장사를 해서 많은 돈을 벌었다. 그는 이 돈으로 각 국의 제후에게 정치 자금을 제공했기에 그가 가는 곳마다 군주들이 어전회의 중에도 버선발로 뛰어나와 맞이했다.

바로 자금력의 힘이었다. 자공과 비교되는 제자가 바로 원헌(原憲)이었다. 공자가 자신의 제자 중에서 학문이 자신보다 좋다며 칭찬하였지만 너무 가난해서 일찍 굶어죽고 말았다. 자공은 제후와의 교류를 통해 자연스럽게 스승인 공자의 철학을 전파했고, 이로 인해 사마천은 공자의 학설을 가장 널리 알린 제자로 원헌이 아닌 상인 자공을 꼽았던 것이다.

백규(白圭)는 위문후(魏文侯) 때 당시 사회 통념을 장사에 접목하여 큰 성공을 거둔 상인이었다. 그는 시간의 변화를 잘 살펴서 상품 생산량이 많아 가격이 떨어지면 사두고, 가격이 오르면 내다팔아 큰돈을 벌었다(樂觀時變, 人棄我取, 人取我與). 그는 자연의 변화에 따라 풍작과 흉작을 예견하며 상품을 바꾸어가면서 대응했다.

시장 가격이 좋다고 무작정 뛰어들지 않았고 오히려 흉작물을 경작했으며 아무리 자기 물건이 귀하더라도 무조건 비싸게 받지 않았다. 이러한 방법은 어떠한 시장 변화 속에서도 큰 이익을 가져다줬다. 오늘날 과학과 정보가 빠른 시대임에도 배추가 비싸다고 모두가 배추 경작에 뛰어들어 다음 해에 큰 낭패를 보는 경우를 심심치 않게 본다면 당시 백규의 혜안과 실천은 대단한 것이었다.

그의 가치는 시장을 정확하게 보고 목표가 정해지면 마치 맹수가 먹잇감을 쫓는 것처럼 적극적으로 부딪치는 자세와 절제, 검약, 그리고 아랫사람과의 동고동락이 뒷받침되었기에 가능한 것이었다. 백규는 자신의 방법이 상나라 때의 권신이었던 이윤(伊尹), 여상(呂尙)의 지략에, 오나라 손권(孫權)의 용병술, 진나라 상앙(商鞅)의 법가 실천력을 모아 놓은 것이라 했다.

지혜만으로는 권력의 변화를 쫓아가기에 부족하고, 용감하다고 해서 결단이 가능한 것도 아니고, 어질다는 것만으로는 취사선택이 어렵고, 강하다고 해서 수성을 할 수 있는 것도 아니다. 따라서 모든 것을 종합한 자신의 방법을 배우기가 쉽지 않다고 했다. 후세 사람들은 시장에서 백규의 방법을 통해 성공을 거두자 그를 '성공의 시조(治生始祖)'로 추앙했다.

사마천은 엄청난 재력을 가진 상인들을 통해 상업이 사회 흐름과 깊은 관계가 있으며 각 업종이 가지는 특징으로 부를 얻게 돼 받은 사회적 대우 등에 대해서도 언급했다. 소금과 철 장사인 의돈(猗頓)과 곽종(郭縱)의 재산은 왕에 버금갈 정도로 많았다. 이 두 가지 상품은 백성들의 생활에서 하루도 빠질 수 없는 상품인 만큼 성공률이 높을 수밖에 없었다.

진시황을 통해 두 사람의 상인이 언급되었다. 오씨라(烏氏倮)는 축목업자였는데, 박리다매로 가축을 팔아 큰돈을 벌었다. 그에게는 짧은 시간에 많은 수량 확보가 관건이었다. 이를 위해 가축을 많이 소유한 변방의 이민족 왕과 좋은 관계를 유지해야 했다.

기이한 물건을 좋아하던 왕에게 그의 구미에 맞는 선물을 하자 왕은 선물 가치보다 몇 배 더 나가는 가축을 답례로 주었다. 그 가축이 얼마나 많은지 헤아릴 수 없어 가축들이 머무는 산과 계곡의 수를 헤아려 가축의 수를 산정할 수밖에 없었다. 진시황은 그를 영주(君)에 봉해 어전회의에 참석하도록 했는데, 이는 상인이 자신의 경제력을 바탕으로 정치 핵심부에 진입했다는 것을 보여준다.

과부 청(淸)은 광산을 개발하여 대대로 많은 부를 축적했다. 과부라 넘보는 무리들이 많았지만 경제력을 이용하여 훌륭히 대처하자 진시황은 그녀를 정조를 지킨 부녀자(貞婦)로 크게 대접하고 기념비를 세워 주었다. 사마천은 하찮은 시골의 목축업자나 가난한 광산촌의 과부도 부가 있었기에 황제에게 영주와 같은 대접을 받으며 이름을 천하에 알릴 수 있었다고 했다.

5. 송(宋), 사대부와 상업의 만남

송(宋) 태조 조광윤(趙匡胤)은 5대10국시대 후주(後周)의 무장 출신이었다. 따라서 무장들이 권력을 가졌을 때의 폐해를 누구보다 잘 알고 있었다. 그는 새로운 왕조인 송을 세운 후 이른바 문민정부를 표방했다. 왕조의 중요 자리를 문인으로 채우고, 문인관료를 뽑는 과거(科擧)가 모든 젊은이들의 목표가 되었다. 이렇게 뽑힌 훌륭한 문인관료들은 효율적인 경제 정책을 이끌어 도로의 건설, 도시화, 지역 특산물의 상품화, 대외무역 활성 등 중국 경제 전반에 커다란 변화가 일어났다.

쌀, 소금, 견직물, 차 등 뚜렷한 지역 기반을 가진 생산품들이 전국 각지의 시장에서 활발하게 유통되기 시작했다. 동남 연해 도시에 세관인 시박사(市舶司)를 설치, 차, 도자기, 동전, 서적 등을 동남아시아와 고려, 일본 등에 수출하자 상업 발전이 뚜렷해졌다.

또 하나의 중요한 변화는 산업 간 인구이동이었다. 문민정부를 표방하고 문인을 우대하자 수많은 젊은이들이 과거에 몰렸다. 그러나 과거시험은 극히 소수만이 선발하는 시스템 특성상 많은 사대부들이 젊어서부터 평생 오직 이 한 가지 시험에 매달려야 하는 구조였다. 이 시험에서 탈락한 많은 사람들은 생활고를 겪었고 이들에 대한 이른바 치생(治生)문제가 대두되었다.

이러한 구조적인 문제에 대해 먼저 생활문제를 해결해야 한다는 이른바 '의식경영(衣食經營)'을 통해 지나치게 과거로만 집중된 인력 구조를 다른 산업으로 분산해야 한다는 움직임이 일었다. 이를 '신유가(新儒家)'라고 했다. 이들은 사민론(四民論)에 의한 전통적인 신분관계로 산업 간 인구이동을 막았던 본말론(本末論)에 대한 새로운 토론을 시작했다. 다음 표는 농업사회에서 철저하게 배척되던 상업이 점차 사회의 주목을 받아 그 중요성의 변화 과정을 잘 보여준다.

중국 역대 본말론에 대한 사회여론 변화

시대	제창자	요지	출전
전국시대	관자(管子)	농업을 중시하고 상업은 금지	《관자(管子)》
서한	상홍양(桑弘羊)	농업과 상업이 모두 이로운 것	《염철론(鹽鐵論)》
동한	왕충(王充)	직업에 관계없이 모든 백성은 현인	《논형(論衡)》
위진 남북조	부현(傅賢)	농업은 귀하고 상업은 천함. 상업은 필요하지만 상인은 천한 존재	《부자(傅子)》
당	육지(陸贄)	상업·농업·공업이 각기 전문 영역이 있음	《육선공주의전집(陸宣公奏議全集)》
송	황진(黃震) 소식(蘇軾) 섭적(葉適)	상·농·공·상인이 모두 같은 백성 농업과 상업이 모두 이로운 분야 상업을 억압하고 농업을 우대하는 것은 정론이 아님	《황씨일초(黃氏日抄)》 《소동파집속집(蘇東坡集續集)》 《습학기언(習學記言)》
명	호거인(胡居仁) 조남성(趙南星) 황종희(黃宗羲)	농·공·상업 모두 쓸모가 있고 세상에 필요함 상·농·공·상이 모두 백성의 본업 공업과 상업도 모두 본업	《광근사록(廣近思錄)》 《조충의공문집(趙忠毅公文集)》 《명이대방록(明夷待訪錄)》

《주자어류(朱子語類)》에도 시대적 물음에 대한 답변이 제기되었다.

"사대부 자제들에게 생활을 가르치는 것이 무방한가? 커다란 해는 없을 것이다. 유명한 상산 육씨(象山 陸氏)집안도 장사를 하지 않는가?"

이리하여 많은 사대부들은 새로운 사회 풍조로 힘입어 생업 선택에 새로운 기회를 갖게 됐다. 즉 어느 지역의 토지와 인구관계에 불균형이 발생하거나, 전쟁과 재해로 농업생산에 심각한 타격을 입거나 혹은 무거운 세금으로 생활이 어려워지면 사회풍조와 산업구조도 변해 본업인 농업을 포기하고 다른 직업을 찾게 된다. 이에 누구보다 생활이 궁핍했던 사대부들 역시 하나 둘 상업에 뛰어들기 시작했다. 결국 모든 사람을 동등하게 보는 여론이 등장하면서 엄청난 변화의 서곡을 예고했다. 《가정적성지(嘉定赤城志)》에는 이 현상을 이렇게 적었다.

"사대부가 학업에 정진하여 봉록을 받고 농민은 논밭을 경작하여 식량을 얻고 장인은 기술을 연마하여 의복과 식량을 바꾸며, 상인은 무역을 통해 재화를 축적한다. 이 모든 것이 다 백성의 본업이다."

훗날 청(淸) 사람 심요(沈垚)는 상인이 인정받고 상업의 발전으로 요동치는 송대의 사회 변화에 대해 《낙범루문집(落帆樓文集)》에서 다음과 같이 요약했다.

> "송 태조는 천하의 이권을 모두 관에 귀속시켜 사대부도 농사와 잠업을 겸해야 생활이 가능했으니 모든 것이 옛날과는 달랐다. 관리들도 장사를 하여 백성과 이익을 다투고 아직 관직에 나가지 않은 자는 필히 농·잠업을 해야만 먹는 문제가 해결되어 공부에 전념할 수 있었다. 경제가 중요한 문제가 되고 상인이 더욱 주목을 받았다. 가족 중 누군가 장사를 해야 다른 자제가 공부를 해서 신분상승이 가능했다. 옛날에는 사민의 경계가 분명했으나 이제 그 구분이 없어졌다. 사대부 자제는 당연히 사대부가 되었지만 이제 상인의 자제도 사대부가 되었으니 이것이 송대 이후 커다란 변화다."

사대부는 생활을 위해 상업에 뛰어들었고 상인도 유학 교육을 받으며 과거와 출사를 통해 정치에 참여하는 시대가 되었으니, 이를 사대부와 상인이 만났다 하여 사상합류(士商合流) 현상이라고 한다.

6. 명(明), 상인 천하를 논하다

송(宋)대부터 이어진 경제 발전은 원(元)대에서도 이어졌다. 원은 중국에서 유럽에 이르는 넓은 제국을 통치하면서 당시 세계에서 가장 빠른 소식 전달체계인 역참제(驛站制)를 구비했다. 송이 만든 높은 수준의 상품과 문화가 몽고의 준마를 통해 신속하게 유럽까지 전파되었다.

명(明)대에서도 새로운 도로 건설과 북방 경계를 위한 개중법(開中法)의 실시로 또 한 번 큰 전기를 맞게 되었다. 명초, 조정은 서북방으로 물러난 몽고족을 방어하기 위해 북경 이북 몽고와의 경계지역에 100만 대군을 주둔시켰다.

건국 초기, 아직 세수가 안정되지 못한 상태여서 이 대군의 생활에 필요한 엄청난 식량과 생활용품을 전국 각지의 상인들에게 조달시켰다. 이들이 이 물품을 북방 주둔지 근처로 가져오면 상품 대신 전매상품인 소금을 교환할 수 있는 염인(鹽引)을 준다는 것이 개중법이었다. 조정은 막대한 국방비용을 절감할 수 있었다. 또 상인들은 고수익이 보장된 소금을 얻을 수 있어 시장은 뜨겁게 달아올랐다. 이에 필요한 물품을 운반하기 위해 회통하를 개통했다.

'항주에서 개봉까지 수륙 2,000리 길이 마치 고향 길처럼 익숙하고 방에서 부엌 가는 것처럼 편리하며 안방에서 쉬듯이 안락했으며' 이는 남북물류의 주요 통로가 되었다. 물길은 경항운하(京杭運河)가 강남 각지를 연결함으로서 대도시에는 '먼 곳의 낯선 사람들이 험난한 여정을 마다하지 않고 물건을 실은 수레들이 마치 고기비늘처럼 이어지고', '남북의 상인들이 앞을 다투어 몰려들어' 눈에 띄게 성장했다. '하늘에는 천당, 땅에는 소, 항주가 있다(上有天堂, 下有蘇杭)'라고 할 만큼 상업의 발전이 뚜렷했다.

조정은 쇄국정책을 실시했지만 동남연해에서는 주민들이 무리를 지어 바다로 나가 밀거래인 이른바 주사무역(走私貿易)이 성행했다. 상인들은 밤을 새워 연, 월, 진, 제, 양, 강회의 물건들을 남으로 운반했다. 역시 만해, 민광, 예장, 남초, 오월, 신안의 물건들도 북으로 향했다. 이러한 변화에 동승해 인구는 날로 증가했다. 강남 사대부 하량준(何良俊)은 《사우제총설(四友齊叢說)》에서 다음과 같이 말했다.

> "옛날에는 상업에 종사하는 사람이 많지 않았으나 오늘날에는 농업을 포기하고 상업으로 가는 자가 전에 비해 세 배나 늘었다."

각 지역에 시장인 시진(市鎭)이 번성하자 상업이 주는 많은 경제적 이득과 사회적 분위기 변화에 힘입어 농민은 물론 사대부들까지 상업에 뛰어드는 추세가 뚜렷했다. 여러 집안의 족보에서 이러한 변화를 볼 수 있었는데 《명주오씨가전(茗州鳴氏家典)》에서는 다음과 같이 말했다.

"9세에서 15세까지 공부를 시켜보고 가능성이 있으면 전폭적인 지원을 하되, 만약 그렇지 못하다면 다른 일을 시키도록 하라. 상업은 항구적인 직업으로 생활에는 문제가 없다. 절대로 하는 일이 없이 무료하게 보내는 화를 자초해서는 안 될 것이다."

위의 표에서 보듯 '사민은 단지 직업이 다를 뿐, 모두 같은 도를 추구한다'라는 말에서 시작하여 '농업과 상업이 모두 나라의 근본이요 백성들의 생명'이며 '중본억말(重本抑末)이 틀리다 할 수 없으나 본업이 중요한 만큼 말업도 경시해서는 안 된다. 천하에 농부만 있고 상업이 없다면 어찌 나라를 유지할 수 있겠는가'라는 말로 상업에 대한 인식은 확연히 달라져가고 있었다.

한편 멀리 북방이나 동서를 오가는 원거리 무역이 성행하자 상인들은 혈연과 지연을 바탕으로 무리를 지어 장사를 떠나는 집단화 추세가 분명해졌다. 각 지역에는 규모가 큰 상인들이 탄생하는데 대표적으로 휘주상인, 산서상인, 섬서상인, 산동상인, 복건상인, 광동상인 등이 있다. 이런 분류는 상업 활동을 할 때 다른 지역 사람들과 구분되어 불리는 것으로 지역에 따른 절대적인 구별이 있는 것은 아니었다. 이들이 원거리 무역으로 객지에서 활동하는 시간이 길어지고 상권 경쟁 또한 날로 치열해지자 '흥하고 망하는 것이 조석의 일'이 되어 위험에 노출되는 일도 빈번했다. 당시 상업서에는 이들이 꼭 지켜야 할 경계사항이 다음과 같이 적혀 있었다.

① 점포는 화려하게 꾸미지 말고 항상 조심하는 자세가 필요하다.
② 다른 사람에게는 친절하고 교만하지 않으며 연장자를 존경하고 연하자는 정으로 대해야 한다.
③ 약자에게 강하고 강자에게 위축되어서는 안 된다.
④ 모임에 나가면 고향 사람들에게 양보해야 한다. 술에 취해 과시하거나 망언을 해서는 안 된다.
⑤ 외출 시에는 반드시 행선지를 알리고 낯선 곳에서 오래 지체하지 않는다.
⑥ 야간에 배를 타지 않는다. 육로 여행 시에는 일찍 머물 곳을 택하고 옷을 입은 채 잠자리에 든다.
⑦ 장부는 꼼꼼하고 성실히 기록한다.
⑧ 일이 생기면 반드시 여러 사람과 상의를 거치며 자신의 고집을 부리지 않는다.
⑨ 도박과 주색에 시간을 허비해서는 안 된다. 그것은 군자가 할 일이 아니다.

이런 경계사항은 수천 리 떨어진 객지에서 장사를 잘하기 위한 특별한 비결이라기보다는 인간관계의 중요성을 말하고 있다. 특히 낯설고 외로운 타향에서 지역 상인들과의 경쟁, 중개상인 아행(牙行)의 폭리 등 불안정한 생활을 극복하고 자신들의 결속력을 다지기 위해서는 내부조직에 대한 절대적 신뢰와 믿음만이 어떠한 어려움도 극복할 수 있는 유일한 해결책이었다.

　따라서 상인들은 외지에서의 어려움을 해결하고 또 경쟁력을 높이기 위해 부자, 형제, 사촌 혹은 친구 등 가까운 사람끼리 뭉쳐서 장사에 나서는 경우가 많았다. 서가(徐珂)는 이러한 현상을 《청패유초(清稗類鈔)》에서 다음과 같이 요약했다.

> "장사를 위해 먼 곳으로 떠날 때는 동향인이나 동업자끼리 뭉쳐서 가곤 하는데 이런 모임을 방(幇)이라 불렀다."

　이들은 객지에서 고향의 민간신앙과 언어, 풍습을 유지하기 위해 지역 특성이 강한 모임을 결성하곤 했다. 또한 상업이 번성하자 세력을 키우기 위해 무엇보다 정치적 후견인이 필요했다. 따라서 원래 객지에서 근무하던 동향출신 관리들이 모이던 회관(會館)에 참여하기 시작했다. 상인들은 회관의 운영비를 대거나 또는 여러 활동 등을 주최하면서 동향 출신 관리들과 돈독한 관계를 유지하고, 관리들은 눈에 보이지 않는 울타리가 되어 주었다. 상인들의 활동을 기록한 《동산회관락성보고(東山會館落成報告)》에서는 이렇게 말했다.

> "우리 고향사람들이 상업에서 강력한 힘을 발휘할 수 있었던 것은 굳건한 결속력 때문이며 많은 돈을 벌 수 있었던 것 역시 우연이 아니었다."

명말 유명한 사상가였던 고염무(顧炎武)도 《조역지(肇域志)》에서 이런 현상을 다음과 같이 말했다.

> "고향 사람이 소송에 휘말리면 모두 혼신의 힘을 다해 도움을 준다. 무리를 지어 상대해야만 피해를 당하지 않는다."

이렇게 발전한 회관은 청대 초기 다음과 같은 뚜렷한 목표를 지향하게 된다. 첫째, 구성원 간 분쟁을 최소화하고 다른 지역 상인들과의 송사에서는 절대적으로 협력한다. 둘째, 지방관청과 적극적인 관계를 형성하여 구성원을 보호한다. 셋째, 구성원들의 직업을 알선하고 동향 문화 풍습을 보존한다. 넷째, 타향에서 운명하는 구성원이 있으면 장례를 치러주고 후사를 돌봐준다. 이렇듯 회관은 철저하게 사회 주류언론인 유가의 논리로 운영되었으며, 상인들의 중요한 구심점이 되었다.

보다 직접적인 방법으로 돈이 많은 상인들은 자제들에게 일찍부터 과거를 준비시켜 좋은 선생을 모시는 방법으로 출사의 기회를 늘리기도 했다. 유학자 문징명(文徵明)은 자신의 문집인 《문징명집, 보집(文徵明集, 補集)》에서 의관장사로 큰돈을 벌었던 상인 석종대(石宗大)를 언급했다.

"집에 교사를 초빙하니 들어가는 돈이 많았지만 전혀 아깝다고 여기지 않았다. 아들들은 모두 국학(國學)에 들어가고 훌륭한 인재로 성장했다."

상인들의 경제력은 자제들이 좀 더 쉽게 관계에 진출할 수 있는 상적(商籍)의 설치를 이끌어냈다. 원래 과거는 자신의 고향으로 돌아가 참가해야 했는데, 이미 고향을 떠나 타향에서 장사를 하고 있는 상인들의 자제는 매번 시험 때마다 고향으로 돌아가기가 쉽지 않았다.

상인들의 자제에게만 현 주거지에서 과거시험을 치룰 수 있도록 하는 상적은, 만력 13년(1585년), 양회(兩淮)에 처음으로 설치되고 특히 염상(鹽商) 자제들이 특혜를 받았다. 상인이 스스로 과거를 통해 신사 지위를 획득한다는 것은 기존의 상인에 대한 배타적인 시각을 타파하는 것과 더불어 명예와 부를 약속하는 것이었다. 우선은 자신뿐 아니라 가족 구성원 등도 세금, 요역에서 엄청난 혜택을 누렸다.

그러나 과거시험은 본인의 총명함 외에 운이 따라야 하는 문제로 돈만으로 이룰 수 없는 분명한 한계가 있었다. 상인들은 과거에 힘쓰는 한편 비록 과거 출신보다 명예는 못할지라도 확실성이 높은 연납(捐納)을 선호했다. 경태 초년(1450년)부터 실시된 연납제도는 재해나 전쟁 등 특정한 이유로 재정 확보가 시급할 때 관직을 파는 것으로 이렇게 받은 관직은 비록 실제적 권한이 없고 명예뿐이었으나 특혜는 상당했다. 관직 매매라는 지탄이 있었지만 재정적 압박을 벗어나야 하는 현실과 사회적 보호막이 필요한 상인들의 이해관계가 맞아 떨어진 것이다.

사상합류로부터 시작된 다양한 변화를 통해 사대부들은 생활의 여유를 갖게 되었고, 상인들은 유가라는 사회 주류 가치관을 적극적으로 받아들이게 되었다. 유명한 문인 이몽양(李夢陽)은 《공동집(空同集)》에서 이렇게 말했다.

> "상인들은 자본을 투자하면 그 이상의 수입이 있어야 하는데 그 대가가 적지 않았다. 유학에 힘을 쏟으면 효과를 얻지만 시간이 걸렸다. 즉, 과거에 급제해야 관직을 얻고 많은 토지와 집, 옷, 말이 생기고 집안을 빛낼 수 있었다. 그러나 투자는 절대 헛되지 않을뿐더러 관직까지 있지 않은가."

여전히 많은 사대부들이 의구심을 보이는 이와 의의 관계에 대해 엄과(嚴果)는 '의는 이로서 흥할 수 있으니 이가 실제로 의를 돕는 것'이라는 '의리합일(義利合一)'의 해석을 이끌어냈다. 이런 이론의 우산 아래 일부 지역에서는 상인들이 유학과 문풍을 좋아하는 풍조를 넘어 은근히 장사를 유학보다 더 중히 여기는 중가경유(重賈輕儒) 경향을 보이기까지 했다. 명대 유명 소설가인 능몽초(凌濛初)는 《이각박안경기(二刻拍案驚奇)》에서 사대부들의 변화된 시각을 다음과 같이 묘사했다.

"생업으로는 장사가 일등이다. 과거는 그 다음이다."

이렇게 성장한 사대부 배경을 가진 상인들은 훗날 '신상(紳商)'이라는 독특한 사회계층으로 성장했다. 이 계층은 과거 출신자로서 관계에 진출하고 동시에 상공업 경영에도 널리 참여하면서 경제력을 바탕으로 영향력을 행사하는 사회집단을 말한다. 정-경(政-經)이 결합된 신상계층의 형성은 중국의 독특한 역사 문화 전통, 사회구조가 상호 작용한 결과다. 이들은 중국의 전통적 가치인 유가사상을 자신의 사업에 접목시켜 큰 성공을 거두었다. 신사와 상인이라는 쌍방향적인 사회 이동 과정을 경험하면서 서로 융화돼, 사농공상의 귀천이 존재하는 전통 구조를 타파하고 근대적 요소를 가진 새로운 사회집단으로 변모했다. 따라서 상업에서 유가의 참여를 가장 구체적으로 보여주는 예라고 할 수 있다.

이들은 청(淸) 말기의 이권회수운동과 미국상품배척운동, 입헌운동을 통해 지도적이고 핵심적인 역할을 하여 결국 신해혁명에서 상인의 참여를 이끌어냈다. 신상의 이런 역할은 관본위(官本位)사회가 근대 상공업사회로 나아가는 과도기에서 봉건적 특권과 근대 자본 사이에 중첩된 특수성을 보여줄 뿐만 아니라 '신사가 상업을 경영한다'는 근대 중국의 시대적 유행을 형성했다. 이들은 중국 근대사회의 전환기에 거대한 사회적 충동과 긴장을 완화시키고 중국과 서양의 서로 다른 가치체계가 융합하는 데 필요한 사회적 메커니즘을 제공하는 가교 역할을 했다.

　이러한 역할과 더불어 상인들은 유학을 통해 사회, 문화 참여에도 많은 공을 들였다. 사회·문화 참여는 사회와 상인 양측 모두에게 매우 중요한 사안이었다. 이 부분은 공공영역과 개인영역으로 구분할 수 있다. 전자는 사회 구제 차원에서 후자는 개인의 욕구 분출이라는 측면에서 그 의의가 있었다. 공공영역의 참여는 사회적으로 국가의 힘이 미치지 못하는 부분을 상인들에게 부의 사회 환원을 통한 덕의 실행을 건전하게 유도하는 것이었다.
　상인의 입장에서는 일상생활 속에서 자신의 역할을 강조·보호하거나 주류사회와의 접촉점을 만들어 오히려 자신의 기득권을 보호하는 일이었다. 지역에 길을 닦거나 다리를 놓고 둑을 쌓는 토목 건설 사업, 가난한 아이들을 위한 교육 사업, 재해 구제나 고아, 노인들을 위한 선당 운영 등 공익성 사업에서 상인의 역할은 특히 돋보였다. 상업이 발달한 지역일수록 이러한 사업은 더욱 활발했고 효과 또한 명확했다.
　개인영역으로는 고서(古書) 출판과 문화재 수집, 지역 화가와 희극 등을 지원하는 지방문화에 대한 투자가 있었다. 휘주상인 방용빈(方用彬)은 전국의 유명 문인, 예술인들과 폭넓게 교제했다. 사람들은 그의 문학·예술적 소양에 찬사를 보내고 그의 지원에 감사하며 '아의지사(雅義之士)'란 고상한 호칭으로 불렀다.
　가히 사대부와 같은 존중과 사회적 명예를 누릴 수 있었던 것이다. 광주(廣州)의 공행상인(公行商人) 반사성(潘仕成)은 자신이 설립한 해

산선관(海山仙館)에서 군사학과 자연과학에 관해서는 당시 세계 최고 수준의 책을 출판하고 이에 큰 자부심을 가졌다.

이러한 활동은 유가 수양의 증진과 함께 관료들과의 친밀한 관계를 형성해 상호 협조하고 지방행정에 참여할 수 있는 좋은 계기가 되었다. 또 장기적으로 종족 구성원들의 문화적 수양을 높여 사회적 지위를 향상시키고 주류 사회에 편입돼 각종 수탈로부터 안전하게 자신의 사업을 보장받기 위한 보호막이 되었다.

7. 유상(儒商), 21세기를 그리다

중국의 전통 사회시스템 속에서 상인은 가장 쟁론이 많은 계층이다. '의'와 '이', '본'과 '말'이 대립되는 상반된 구조 속에서 갈등과 조정을 통해 힘겹게 자신의 영역을 확보하며 성장했기 때문이다. 역대 왕조의 상업 정책과 사회 여론의 변화 과정은 그 힘겨운 역정을 잘 보여준다.

상인에게 있어 유가사상은 한편 극복해야 할 대상이었고, 또 한편으로 자신의 존재를 확인시켜주는 유일한 호신부(護身符)이기도 했다. 유가가 지향하는 사회시스템 속에서 상인은 수동적인 자세에서 벗어나 적극적으로 핵심을 이해하고, 회관을 통해 사회와 소통하면서 끊임없이 변하면서 생존할 수 있었다. 특히 명대 이후 상인들의 발걸음이 전국 곳곳에 미치게 된다. 그들은 감히 자신의 활동에 '천하'를 가미하는 대담성을 보였다. 천하란 황제가 다스리는 영역을 말하는 형이상학적 대상이었고, 사대부들은 천하통치를 자신의 소임으로 치부했지만 정작 천하 곳곳을 직접 밟아본 존재는 오직 상인뿐이었다. 당시 지방지에는 '상인의 걸음이 천하에 미치다(足跡遍天下)'는 표현이 매우 보편적으로 나타났다.

오늘날 중국 기업인들은 이렇듯 오랜 역사발전 과정에서 보여준 상인들의 철학을 쫓아 이른바 '유상(儒商)'이라는 뚜렷한 지향점을 가지고 기업 활동에 종사한다. 자신의 오랜 전통을 지닌 채 새로운 시대를 이끌어가는 그들은 '21세기의 천하'에 어떤 그림을 그리고 있을까? 오랜 역사적 전통을 바탕으로 성장한 유상개념에 대한 진일보적인 이해가 필요할 것이다.

더 읽으면 좋은 책

- 사마천,《사기, 화식열전》, 대만 홍씨출판사, 1971.
- 하오엔핑 저, 이화승 역,《중국의 상업혁명》, 소나무, 2001.
- 하오엔핑 저, 이화승 역,《동양과 서양, 전통과 근대를 잇는 상인 매판》, 씨앗을 뿌리는 사람, 2002.
- 정관잉 저, 이화승 역,《성세위언: 난세를 향한 고언》, 책세상, 2003.
- 마민 저, 신태갑 역,《중국근대의 신상》, 신서원, 2006.
- 이화승,《중국의 고리대금업》, 책세상, 2007.
- 리궈룽 저, 이화승 역,《제국의 상점》, 소나무, 2008.

미니박스 ③

사이먼프로퍼티 그룹의 자산관리법

미국 최대 상업용 부동산 개발업체인 사이먼프로퍼티 그룹. 금융 위기가 닥쳤을 당시, 사이먼프로퍼티 그룹은 자본 확충을 위해 보통주와 선순위 채권 발행을 추진했다. 라이벌 업체인 글로벌그로스프로퍼티가 파산으로 치닫고 있는 상황에서 사이먼프로퍼티 그룹의 계획에 대해 회의적인 시각이 팽배했다.

하지만 결과는 성공적이었다. 보통주는 1,700만 주나 팔렸고, 선순위 채권도 효과적으로 판매됐다. 사이먼프로퍼티 그룹은 이 성과에 힘입어 다시 한 번 자본 조달에 나서기도 했다. 이 같은 움직임은 라이벌 업체가 파산하는 사이 도약의 기회를 만들었다는 점에서 큰 의미가 있었다.

불황기에 이 회사가 이렇게 성공적으로 자본을 조달할 수 있었던 비결은 무엇일까? 답은 위기 상황을 미리 준비했던 것에 있었다. 사이먼프로퍼티 그룹은 금융위기 직전 부동산 시장에 지나치게 많은 자본이 투입돼 있다고 판단하고 신중하게 사업을 진행했다. 또 비용절감에 적극 나서고 중복되는 사업 부문을 통합했다. 선제적인 체질 개선으로 시장의 신뢰를 얻은 것이다.

결국 기업은 자본 확충 여부에 따라 생존과 기회가 좌우될 수 있다. 이때 가장 중요한 것은 시장의 신뢰를 확보할 수 있도록 앞을 내다보고 기업을 운영하는 것이다. 장기적 안목과 신뢰의 중요성에 대한 인식, 이것은 가치경영의 핵심이다.

개성상인의 경영이념

김성수(경희대학교 명예교수)

1. 경영이념 형성

한국에서는 조선 전기에 개성상인이 등장하고 상업정신이 변화하면서 비로소 경영이념이 형성되기 시작했다. 그러나 현대적 경영이념은 20세기 초 주식회사제도가 성행하면서 개념적 용어가 정립되었다. 이때의 경영이념이란 창업자나 경영자가 상업이나 기업 경영에 가지는 정신적 지주, 기본적 가치, 실천적 행동지침, 신념, 태도 등의 도덕적 또는 윤리적 기준을 말한다.

다시 말하면 경영이념은 기업의 경영자가 경영활동을 통해 지켜야 할 정신적·실천적 행동 지침이며, 경영철학, 경영사상 등과 미래지향적인 행동 원리, 지도 원리를 의미한다. 따라서 경영이념은 반드시 개념적 의미가 명시되고, 실천돼야 한다. 창업자나 상업을 하는 상인, 기업을 경영하는 경영자의 개인적 신조나 가치관이 명시되어야 한다는 것이다.

조선의 경영이념은 '무(無)에서 유(有)가 탄생'한 것처럼 갑자기 형성된 것이 아니라 그 이전에 발달한 상인정신의 영향을 받아서 형성된 것이다. 따라서 조선 전기에 이윤추구를 목적으로 한 상업자본이 존재하기는 했으나 경영이념이 뚜렷하게 나타나지 않았기 때문에 경영이념이 형성된 것은 상업정신의 밑바탕 위에서 상업이 발달하고 자본주의적 맹아가 나타난 조선 후기라는 주장도 나온다.

유교적 가치의 경영이념 애타(愛他)

기업의 목적은 이윤획득에 있다. 하지만 자주성가한 대기업가인 개성상인의 성공사례를 보면 궁극적 목적은 이윤획득이 아니었다는 것을 발견할 수 있다. 이윤획득이 궁극적 목적이었다면 위험부담이 큰 모험적 투자는 하지 않았을 것이다. 또 초인간적 노력으로 경영에 성공하기가 어려웠을 것이다.

그들이 경쟁에서 이길 수 있었던 것은 강인한 체력이라든가 뛰어난 판단력, 자금동원 능력이 바탕이 되었지만 확고한 이념이 바탕이 된 강한 정신력이 있었기 때문에 가능했다. 여기서 말하는 확고한 이념이란, 일반적으로 '인(仁)'과 '선(善)', 그리고 '신(信)' 등 지향하는 가치라고 말할 수 있다.

인(仁) 지향적 경영이념이란, 사람 중심의 어질고 도덕적인 경영활동을 말한다. 선(善) 지향적 경영이념이란 타인을 사랑하는 경영이념이고, 신(信)의 경영이념은 신용을 중심으로 경영활동을 이룩하는 애타(愛他)적 경영이념이다.

애타는 자기 이외의 다른 사람이나 집단을 이롭게 하는 '이타(利

他)'이며, 그 크기와 범위는 유교적 가치의 실천에서 비롯됐다. 이타의 크기와 범위가 클수록 그만큼 보람이 크며 유교적 가치가 크다는 뜻이 된다. 따라서 인(仁), 의(義), 예(禮), 지(智), 신(信)의 유교적 5상(伍常)이 경영이념으로 기업 경영에 명시되고, 이것이 경영성과로 나타날 때 유교적 가치가 있다고 평가한다.

개성상인의 경영이념 정착

전통사회에서도 상인의 당면목적은 이윤추구였지만, 그들은 영리에만 연연하지 않았다. 가장 오랜 전통을 가진 행상인 보부상(行商人褓負商)들은 '영리보다 진충보국(盡忠報國)'이 우선이었다. 나라에 충성을 다하여 은혜를 갚는다는 생각이 다른 어떤 계층보다 강했다. 조국이 침략을 당했을 때는 앞장서 군수물자의 수송과 통신 업무를 담당해 국토방위에 협력했다. 그리고 동료 상인들끼리 상부상조하는 정신이 강했고, 이익을 결코 독점하려고 하지 않았다.

보부상 중에는 개성 출신이 많았다. 개성 사람들 중에는 행상뿐만 아니라 좌상(坐商)이나 객주업(客主業)에 종사하는 상인도 많았다. 개성성인을 일명 '송상(松商)'이라 칭했는데, 개성상인들은 근대 기업가의 독점물처럼 되어있는 혁신성이 강했다. '개성상인이 앉았던 자리에는 풀도 나지 않는다'는 말이 나올 정도로 공짜가 없고, 신용이 철저했으며, 합리적이었다. 이와 같은 신용과 정도의 합리적 정신이 토대가 돼 합리적 사고의 창조물인 '복식부기(複式簿記)'의 발명은 회계사학적으로 가치가 크다. 이 송도부기는 송상의 활동 근거가 개성상인이었음을 증명하는 역사적 사실과도 깊은 관계가 있다.

  개성상인들은 전라도 동복(화순) 지방에서 행상을 하다가 산삼을 재배하는 것을 보고 그 뒤 개성에서 대대적으로 인삼을 재배했다. 특히 가공 과정에서 엄격한 표준화을 통해 수익을 올렸다. 그들은 여러 가지 인삼 가공 기구와 홍삼 가공법을 개발했고, 엄선된 양질의 인삼만으로 홍삼을 만들어 수출해 개성상인의 이름을 떨쳤다.

  조선시대에는 상인자본과 고리대부자본이 발달했고, 보부상뿐 아니라 영리를 목적으로 하는 대규모 좌상과 객주업이 발달했다. 우리나라의 경영이념은 이때 정착됐다. 전통적 상인정신은 이 시기에도 존속됐지만, 경영자들은 이와 같은 분위기에서 나름대로 경영이념을 형성했던 것이다. 이 시대의 경영이념은 유교적 가치가 기준이 되었다.

2. 개성상인의 경영이념

  개성상인 경영이념 형성의 경영사적 시대 구분은 3기로 나눌 수 있다. 제1기는 개성상인 경영이념의 태동기로서 고려시대고, 제2기는 개성상인 경영이념의 생성기로서 조선 전기다. 제3기는 개성상인 경영이념의 형성기로서 조선 후기에 해당되며, 이 시기는 개성상인들이 그들의 경영이념을 유교적 가치에 맞춰 상업활동에서 실천한 때이다. 물론 개성상인 후예들은 1910년대 이후 일제시대, 1945년 해방 이후부터 20세기 말까지 그들의 경영이념을 유교적 가치에 두고 성과를 창출해 성공한 기업들이 나타났다.

많은 경영사학자들은 서양의 실용적이고 합리적 유대인상인의 경영이념이 오늘날까지 전해 내려와 그 맥을 이어가듯, 동양에서도 유교적 가치이념에 바탕을 둔 개성상인들의 경영이념이 이어지고 있다고 분석한다.

제1기: 개성상인 경영이념의 태동기

애국애족심이 강한 국제적 상인 등장

개성상인의 경영이념 태동과 관련해 청해진대사(淸海鎭大使)가 된 장보고의 상인정신 이야기를 먼저 살펴볼 필요가 있다. 통일신라시대 상인정신은 중국과 일본의 활발한 무역에서 나타났다. 신라 상인은 당나라 뿐 아니라 남중국의 오(鳴), 오월(鳴越)까지도 무역을 했으며, 대중국 무역은 신라가 기선을 제압했다.

당시 신라의 대당 수출품은 금, 은, 금속장식품, 인삼, 우황, 가죽 등 수백 가지에 이르렀다. 수입품 역시 비단과 의복, 금, 은대, 문구, 향료, 상아, 칠기 등 수십 가지나 됐다. 일본과도 공무역과 민간무역이 성행했다. 특히 정직한 도량형과 더불어 신용을 지키는 상인들의 기질과 정신이 높았다고 한다.

이런 상황에서 해상왕 장보고처럼 국제적 패권을 잡는 무역상이 나올 수 있었다. 장보고는 청해진대사가 된 정상적(政商的)인 거상이요, 애국애족심이 강한 국제적 상인이었다. 중국의 적산촌(赤山村)에 신라방인 법화원(法花院)을 창건해 거류신라인의 구심점이 되게 했고, 그 유지재산으로 연수입 500석의 토지를 소유해 경영했다. 그는 전근대적인 상인으로서 부의 축적에 능했던 한편 귀족이 되려는 집념과 웅지가 있었지만 뜻을 이루지 못했다. 다만 그는 오직 인(仁)과 신(信)을 상업활동의 이념으로 삼아 부를 축적했으며, 축적한 부를 공익을 위해 활용한 선구자였다.

유교적 상인정신의 개경 시전상인

고려 말기에는 왜구의 침탈이 빈번하고 반제품화폐가 광범위하게 유통되었다. 매점매석행위가 성행했으며, 불량도량형의 사용으로 폭리를 취하는 천민상인층이 형성됐다. 따라서 고려 말에는 상업을 천시하고 통제하려는 경향이 현저해지기도 했다. 시전(市廛) 같은 좌상이 발달하여, 전업상인이 증가했다. 상인에게서 천민자본주의정신(賤民資本主義精神)을 엿볼 수 있었다.

일례로 1391년 우왕(禑王) 7년, 개경의 물가폭등을 이용해 상인들이 폭리를 취하자 최영(崔瑩)은 이를 크게 걱정했다. 그는 당시 시전을 관리하는 경시서(京市署)로 하여금 시중의 물가를 사정하고, 세인(稅印)이 있는 것만 매매를 허가하되 세인이 없는 물품을 판매하는 자는 '갈고리로 목을 달아 죽이게 하고, 큰 갈고리를 경시서 앞에 걸어 놓아 사람들에게 보이게 하니 상인들은 겁에 질려 폭리를 취하지 않게 됐다'고 한다.

당시의 상인들이 사농공상(士農工商)의 최하위 계급이라는 사실 때문에 이 시기에 정당하지 못한 방법으로 이익을 노리는 간상배, 도덕 불감증에 사로잡힌 무역상 등에게 베버(Max Weber)가 말하는 반도덕적 천민자본주의 정신이 생성됐다는 것을 부인할 수 없다.

그러나 개경을 중심으로 시전상인(市廛商人)에게는 더럽게 돈을 벌어서는 안 된다는 윤리가 형성되기도 했다. 이들에게는 유교적 상인정신의 일면을 볼 수 있는 시전상인의 방(榜)을 찾아 볼 수 있다.

여기에서 3가지만 소개한다(고려도경(高麗圖經), 권(卷) 3, 방시(坊市), 고려사(高麗史), 권(卷) 77 참조).

· 효의(孝義)와 자양(資養)

'효의'는 효도와 의리를 실천하는 상인이 되자는 뜻이고, '자양'은 가족을 양육하기에 족할 정도의 수입이 있으면 된다는 의미다. 이는 상인이 지향해야 할 덕목으로 존중되고 있다.

· 존신(存信)

'존신'은 상거래에 있어서 신(信)을 덕목으로 신용이 필수 불가결하다는 의미다. 신용은 상인이 상업활동을 하는 생명이며, 언제나 존재해야 하는 상인가치의 기본이라는 뜻이다.

· 광덕(廣德)과 흥선(興善)

'광덕'은 상인도 덕(德)을 넓히고 도덕을 중요시 하자는 의미고, '흥선'은 선(善)을 일으키자는 의미다. 상업활동을 바르게, 착하게, 청렴하게 하자는 것이다.

이외에 영통(永通), 통상(通商), 행손(行遜) 등이 있다. 이와 같은 상인정신은 유교적 영향을 받은 것으로 보인다. 어쨌든 최고목표를 가진 상인정신으로서 상도덕을 지키고, 부모에게 효도하며, 검소한 생활을 했다면, 이는 천민자본주의정신과는 반대되는 것이다. 개성 사람들이 상업에 진출하게 된 이면에는 그들의 반조선적 사상 이외에 상업이 백성의 부를 창조하는 긍정적 상업관이 작용했기 때문이라고 볼 수 있다.

제2기: 개성상인 경영이념 생성기

개성상인이 상업에 투신한 이유

실학자 이익(李瀷)은 그의 사설(僿說)에서 개성 사람들이 상업에 많이 투신하게 된 이유를 다음과 같이 말하고 있다. 첫째, 개성이 지리적으로 서울과 가까우면서 서쪽으로 중국 무역과 연결될 수 있었던 점이다. 둘째, 이성계의 조선왕조 건국 후 고려의 개성 사람들은 이에 불복했기 때문에 조선왕조에서도 이들을 등용하지 않았고, 개성 사대부의 후예들이 학문을 버리고 상업에 종사한 점을 들고 있다.

개성상인들의 반조선적 저항적 기질은 두문동(杜門洞) 72현으로부터 비롯된다. 두문동은 지금의 경기도 개풍군 광덕면 광덕산 서쪽으로 고려의 충신들이 모여 살던 곳이다. 이성계 태조의 조선 건국에 반대하던 고려의 유신인 신규(申珪) 등 72인은 개성의 남동쪽에 있는 이른바 불조현(不朝峴)에 조복(朝服)을 벗어 걸어 놓고, 두문동(杜門洞)에 들어가 끝까지 조선왕조에 출사하지 않았다.

이에 조선 태조 이성계는 두문동을 포위하고, 고려충신 72인을 몰살했다. 훗날 정조(正祖)는 그 자리에 표절사(表節祠)을 세워 그들의 충절을 기렸다. 그 후에 개성의 고려인들은 사농공상의 계급 중 최하 위층인 상업을 택해 전국으로 장삿길에 나섰다. 한때는 이런 개성상인이 1만 명에 달했다고 한다.

독특한 개성상인의 경영이념

개성상인의 특징은 그들의 상인정신이라는 경영이념 속에 인(仁, 어질고 착한 일을 도모하는 상인), 의(義, 정도상인·정의로운 상인), 예(禮, 예를 지키고 절대 함부로 남을 속이지 않는 상인), 지(智, 후계자에게 상업의 지식·상술·자금·노하우 등 학습시키는 상인), 신(信, 신용을 중시하는 상인)이 바탕이 됐다. 이러한 개성상인의 경영이념은 유교적 가치관으로, 상업을 실천하는 덕목으로 계속 이어지고 있었다.

그들은 기회의 포착에 영민하고, 신용을 무엇보다도 중시했다. 또한 이익에 철두철미 했으며, 근검절약을 생활신조로 삼았다. 일례로 산골의 객주와 여각에서도 탈 없이 통용됐던 '송방의 어음표'는 개성상인이 신용거래를 으뜸으로 삼았다는 것을 잘 보여준다. 이처럼 유교적 가치관으로 무장한 개성상인은 한국 상인사(商人史)에서 독특한 지위를 차지할 수 있었다.

시대를 앞선 개성상인

이러한 개성상인의 경영이념과 유교적 가치관의 실천은 시대를 앞선 제도를 만들어냈다. 송도사개치부법(松都四介治簿法)은 현대의 재무제표로, 이탈리아의 복식부기보다 200년이나 앞서 세계 최초로 고안해 상용했다. 다만 이것이 민족의 상법으로 널리 보급되지 못하고 한낱 역사적 유물로만 남게 된 것은 개성상인의 배타성 때문이라는 지적이다.

조선 전기부터 창안된 차인제도(差人制度)는 현대의 전문경영인제도로, 개성상인에게 보편화된 일종의 수습제도였다. 개성상인들은 부유한 출신이라 하더라도 장차 가업을 계승할 후계자는 반드시 다른 상가에서 수년 간 수습을 거친 후에 가업을 이어받게 했다.

개성상인의 시변제도(時邊制度)는 현재의 이자제도인데, 당시 서민층에 행해지는 고리대부 방법으로 체계(遞計)가 있었다. 체계는 채권자와 채무자 간 약속에 의해 반환 회수를 정하고 원리금을 분할해 지급하는 방법이다.

제3기: 개성상인 경영이념 형성기

급속한 상업 발전과 의식 변화

17세기 후반 이후 우리나라는 상업의 성장과 부활기를 맞이하게 된다. 그 효시가 된 것은 생산력의 발달에 따른 대동법(大同法)의 시행이었다. 대동법의 시행으로 주화인 상평통보(常平通寶)가 전면적·지속적으로 유통됐다. 이와 같은 유통제도의 발달에 힘입어 공인자본(貢人資本)의 축적이 가속화됐고, 시변과 같은 특권상인에 대항하면서 상권을 확대한 신흥 부상대고(富商大賈)가 사회적 세력으로 등장했다. 상업자본을 축적한 부상대고는 공장의 생산자본을 지배하는 현상이 나타나게 됐고, 상인과 수공업자의 의식구조의 변화를 초래했다.

　조선 후기의 개성상인은 단결심과 협동심을 대표로 하는 상인정신을 가지고 있었다. 이 시대의 상업 발달은 개성상인의 사업사상에 반영되었다. 조선 전기에 형성된 개성상인 보부상단은 조선 후기에 그 규모가 확대되었고, 정치적 유대관계가 더욱 공고해졌다. 그 당시 개성상인은 의리와 신용, 장유유서의 유교적 상인정신에 따라 상행위를 했다.

　당시 개성에는 좌상과 중개업자도 동업조합을 조직했다. 특히 조선 후기에는 고려시대에 시작한 시전(市廛)이 활기를 띠고 있었다. 개성의 중심가에는 선전, 백목전, 청포전, 어과전, 의전, 지전, 유기전, 사기전 등이 즐비했다. 그 중 선전과 백목전, 청포전, 어과전이 자본 규모가 컸다. 각 시전은 업종별로 동업조합을 조직했는데, 그 중에서도 선전계와 백목전계, 청포전계 등이 유명하다.

　그리고 상품매매를 중계하는 당화거간(唐貨居間)과 금전대차를 중계하는 환전거간(換錢居間)으로 조직된 박물계도 규모가 큰 동업조합에 속한다. 각 계에는 공동창고 및 사무소인 도가(都家)가 있었다. 동업조합의 개성상인들 간에는 서로의 의리와 신용을 생명처럼 여기는 유교적 행동양식을 형성해 가고 있었다. 이 개성상인의 행동양식은 보부상단을 통해 전국으로 파급돼 정착되기 시작했다. 개성상인의 유교적 정신이 발전함에 따라, 한말과 일제시대 중국 상인과 왜상들이 개성상인과 거래할 때는 철저한 상도덕과 위계질서 등 유교적 정신에 따라 상행위를 지켰다고 전하고 있다.

조선 후기 거부가 된 개성상인

조선 후기에 거부가 된 개성상인의 중 유명한 상인 몇 사람만 소개하고자 한다. 개성상인의 거부실록 중 임상옥은 의주의 인삼무역상으로 만상이지만 후에는 송상으로 이름이 알려지고 있다. 그것은 청나라에 가서 청나라 상인들이 '인삼불매동맹'을 맺고 임상옥을 골탕 먹이려고 했을 때, 임상옥은 "조국(조선)의 물건을 제값도 못 받으니 차라리 불태우고 말겠다"고 했다. 이러한 임상옥의 담력과 상술 때문에 그를 개성상인으로 인정하게 했다. 그는 인(仁), 의(義), 신(信) 등의 상술과 유교적 이념으로 개성 인삼을 청나라에 판 대표적인 개성상인정신의 소유자라고 전해진다.

이용익은 조선 철종 5년에 개성 부근인 팔문근에서 가난한 말 장수의 아들로 태어나 등짐장수를 했다. 단천의 폐광을 찾아다니다 금광을 발견해 그곳에서 금 노다지를 캤다. 그 후 서울로 상경해 물장수로 부자가 된 입지적인 개성상인으로, 의리(義理)와 신용(信用)을 생명으로 여겼다. 이용익은 한말에 기업인이면서 정계의 거물로 한국 근대화에 크게 공헌한 인사로 후세에 전해지고 있다.

헌종 때 검소한 거부 김근행은 약속한 것은 꼭 지킨다는 개성상인의 대표적 상인이다. 개성 인삼상회의 점원으로 시작해 부자가 된 의주의 임치종, 개성상인은 부정한 방법과 비리로 장사를 해서는 안 된다는 신념을 가지고 있었던 송도의 대부 김수온 등은 개성상인의 상술을 온전히 창출했다.

이들 개성상인의 상술은 유교가치를 실현하고 있다. 먼저, 민족 상인으로서 자존심을 지키기 위해 인, 의, 예, 지, 신 등을 지켰다고 평가할 수 있다. 또 처음에는 등짐장수, 봇짐장수도 아닌 행상으로 시작해 보부상단을 만들었으며, 나라가 위기에 처했을 때에는 개인보다 국가를 위하여 헌신했다.

뿐만 아니라 온갖 고통과 고난을 무릅쓰고 도전과 개척, 근검절약, 신용과 의리, 사회봉사 등의 개성상인정신을 경영이념으로 승화시켜 오상의 유교가치를 실천했다. 개성상인들은 조국과 민족을 먼저 생각하는 상인으로 송도상인의 출신의 이미지를 가지고 있다. 유대인 상인, 이탈리아 상인, 오사카 상인 등이 국제적 상인정신의 경영이념을 가지고 있듯, 우리나라에도 유교적 가치를 실천한 개성상인이 있었다.

3. 개성상인, 유교적 가치를 실천하다

한국 경영사적으로 조선 후기에는 개성상인의 경영이념이 유교가치의 실천으로 형성됐다. 이 시기 개성상인의 경영이념은 '수신제가치국평천하(修身齊家治國平天下思想)'로 대표되며 아래와 같은 가치를 중시했다.

첫째, 가정예의사상(家庭禮義思想): 관례, 혼례, 상례의 예절에 철저
둘째, 근검절약주의(勤儉節約主義): 근면과 절약, 공경, 용서 등의 실천
셋째, 개척주의사상(開拓主義思想): 인삼 생산과 무역 개척
넷째, 신용과 의리제일주의사상(信用 義理 第一主義思想)
다섯째, 협동주의(協同主義), 인화단결사상(人和團結思想)

개성상인의 경영이념은 대국가이념, 대고객이념, 대사회이념, 상부상조의 대내적 이념으로도 구분될 수 있다.

대국가이념: 내우 왜란 시 사익과 상단의 이익보다 국익을 우선
대고객이념: 정직과 신의, 상도의의 준수와 생활화
대사회이념: 물망언(勿妄言), 물패행(勿悖行), 물음란(勿淫亂) 등 예의 실천
대내적이념: 농(農), 공(工), 상(商)의 상부상조정신, 사농공상 사민의 협조정신

조선시대 개성상인 경영이념이 형성된 것은 중상주의와 혁신적 경영사상이 나타난 데 기인한 것으로 보고 있다. 즉, 18세기 실학파의 상업진흥론과 경영혁신론이 생성된 것에 큰 영향을 받은 것이다. 개

성상인들은 조선 후기 복식부기(송도사개치부법) 등을 사용해 경영이념을 형성했다. 당시에는 글과 셈을 할 줄 아는 식자층의 계산적 상인이 많이 있었던 것으로 추정된다.

여기에는 숙종시대 유수원의 '중상주의적 경영혁신론', 영조시대 이덕무의 '직업윤리 및 경영혁신론', '박제가의 중상주의 사상', '다산 정약용의 중금주의사상', 순조시대 '최한기의 혁신적 인력관리이론' 등의 영향이 컸던 것으로 보인다. '옥갑야화(玉匣夜話)'에 나타난 '허생과 변승업의 경영이념'뿐만 아니라 가훈이나 실학자의 경영사상에서도 사회 환원을 지향하는 개성상인의 경영이념을 엿볼 수 있다.

4. 일제시대 개성상인 출신 기업가의 경영이념

1910년대 일제는 식민지 기초공작기를 시작하며 가장 먼저 개성상인정신의 말살정책을 실시했다. 조선회사령(朝鮮會社令)의 공포와 시장규칙을 정해 개성상인들의 상업활동을 억압했으며, 일본 군국제국주의자들은 조선총독부를 앞세워 개성인삼의 판매권을 몰수해 전매화하는 방안으로 착취하기 시작했다. 이러한 통제 하에 개성상인들은 다시 기존의 '전국보부상단'을 중심으로 새로운 상권의 회복과 조선독립운동의 기반을 조성한다.

개성상인의 새로운 상권회복운동

이때 개성상인의 경영이념은 유교적 가치 실천으로 큰 빛을 발하게 된다. 바로 그것이 의리(義理)와 신용(信用), 근검절약(勤儉節約), 상부상조(相扶相助)의 협동정신(協同精神), 애국애족정신(愛國愛族精神) 등으로 개성상인의 상인정신, 즉 개성상인의 경영이념을 되찾는 운동이 전개된 것이다. 개성상인을 중심으로 한 보부상단은 철저한 민족 독립 애국정신으로 상해 임시정부와 독립군의 군자금 모집과 운송책임자로서의 역할을 수행하면서 조선독립운동의 기반을 조성했다.

이러한 환경에서 개성에 근대적 회사조직을 가진 기업이 설립된 것은 1910년 이후로 다른 신흥도시에 비하면 십수 년 늦어진 것이다. 뿐만 아니라 회사의 대부분은 전통적인 삼업회사(蔘業會社)거나 상사회사(商事會社)가 대부분이었다. 그 이유는 개성이 공장입지조건으로 부적합하다는 것보다는 개성상인의 기업 성격이 유교적 가치를 밑바탕에 둔 민족애국정신에 투철해 일본제국주의자들이 대 공장 설립을 허가하지 않았기 때문인 것으로 보인다.

일제 치하 개성의 4대 거상

1910년대 초기에 개성에 설립된 근대 기업회사 중 비교적 규모가 큰 회사는 영신사(1912년), 개성사(1913년), 개성전기주식회사(1917년), 고려삼업사(1918년) 등이다. 이들 회사는 개성의 거상들이 개성의 인삼 판매를 목적으로 개성상인 특유의 정신을 경영이념으로 창업한 근대 기업들이다.

· 합명회사 영신사

개성의 거상인 손봉삼, 김원배, 공성학, 김정호, 박우현 등이 1912년 10월에 자본금 30만 원으로 설립한 회사다. 상품의 도산매, 위탁판매, 창조업, 금융업 등을 목적으로 설립한 민족계 회사로 상업자본의 대부였다.

· 합명회사 개성사

1913년 5월에 최기창, 박태현, 박우현, 김려환 등이 자본금 5만 원으로 설립한 회사다. 영업 종목은 역시 상품 도산매, 위탁판매, 창고업, 금융업 등을 중심으로 사업을 했다.

· 개성전기주식회사

1917년 4월에 김정호, 김기영, 손봉상, 공설학 등 거상들이 개성의 전기사업을 수행하기 위해 자본금 5만 원으로 창업한 회사다. 이 회사에는 개성 거주의 일본인도 약간 참가했으나 회사 설립의 주동은 민족기업가가 담당했다.

· 고려삼업주식회사

1918년 9월에 손봉상이 자신의 삼포를 기반으로 공성학, 김정호 등의 협력을 얻어 자본금 2만 원의 주식회사로 개편한 근대기업이다.

개성 인삼 개척자들

1905년 을사조약 결과 한국의 재정 관리권이 일본인 통감부의 지휘를 받게 되자 삼세(蔘稅)와 홍삼의 전매수입은 국고 수익으로 이관되었다. 따라서 그 관리권도 도지부(度支部)에 귀속되었다. 그 후 정부는 1908년 7월 법률 제14호로 '홍삼전매권'을 공포했다. 이후 일제 36년간 개성 인삼의 개척자들은 무수히 많았다. 어느 한두 사람을 사례로 제시하는 것은 무리겠지만 대표적인 4인을 소개하고자 한다.

· **김정호(金正浩)**

1917년 '개성인삼전기주식회사'를 설립하고, 1929년 '송고실업장'을 인수해 운영한 대표적 개성 기업인이다. 그는 정의(義), 신용(信), 인재 양성과 지혜(智), 애족(愛) 등을 기본 경영사상으로 삼고 실천했다. 그는 일본 명치대학 법학과를 졸업하고 개성전기주식회사를 순수한 민족기업인에 의해 창립되도록 했다.

이 회사는 한국 최초의, 그리고 유일한 전기회사라는 점에서 그의 높은 출중한 능력은 물론 민족자본 형성의 기업가정신을 보여준다. 송고실업장은 본래 그 명칭이 나타나는 것처럼 '개성 송도고보'의 실습장으로 건설되었던 것이다.

송도고보가 재정난으로 위기에 처하자 김정호가 인수해 새로운 면모를 갖추게 되었다. 김정호는 역직기, 면직기 등을 일본으로부터 도입해, 면방 작업을 기계화했다. 비록 실습장이었으나 산업을 근대화한다는 그의 신념이 우리나라 기계공업 발달사에 중요한 위치를 차지하는 직조공장을 만들었다.

· 공성학(孔聖學)

개성 인삼업의 또 다른 개척자는 공성학이다. 그는 1927년에 인삼경작과 판매에 크게 성공했으며, 애국지사의 기업인으로서 개성 발전에 전력한 근대민족 기업가이다. 공성학은 1930년대 전후 수년간 송도고무공업주식회사, 개성양조주식회사 등을 설립하고 경영한 개성갑부 공씨 가문의 창업주라고 할 수 있다.

1930년 대공황으로 개성상인들 뿐 아니라 기업인들은 큰 타격을 받았다. 특히 기업에 투자한 공성학은 막대한 재산상의 피해를 보게 되었다. 그러나 그는 신용과 책임, 성실과 지혜, 인재 양성, 품질 향상, 애국애족의정신 등 경영이념을 실현해 어려운 경영난을 극복했다.

나아가 1934년 '춘포사', 1936년 '개성삼업주식회사', 1938년에는 '개성상회'를 창업했다. 이런 성공적인 개성기업가 공성학은 지사형 기업가로 불리고 있다. 후계는 둘째아들 공진항(孔鎭恒)이었다.

· 손봉상(孫鳳祥)

1918년 자본금 20만 원으로 고려삼업주식회사를 설립했으며, 개성인삼 경작에 주력했던 기업가다. 영신사, 개성전기주식회사 설립에도 관여했다. 개성삼포업계의 대부로서 초대 개성인삼조합장을 역임한 개성인삼 개척의 공로자다.

그의 아들 손홍준은 가업인 삼포업을 계승하는 데 성공했으며, 개성 인삼 경작의 개척자적 지위를 가지고 있었다. 손봉상은 '개성상도의'를 만들고, '신용을 잃으면 모래성처럼 무너진다'는 신용제일주의, '무조건 아끼고 저축하라', '마른 수건도 쥐어짜면 물이 나온다'는 구두쇠정신 등을 활용한 대표적 개성 기업가이다.

· **최익모(崔益模)**

최익모는 인삼 가공 및 판매에서 혁신적인 존재였다. 그는 고려인삼의 혁신, 품질 향상, 나라사랑, 신용과 의리 등 개성 기업가의 특성을 모두 갖추고 있는 상인이었다. 최익모는 개성 인삼을 '고려인삼' 상표로 국제시장 진출에 성공시키는 등 인삼 판매에서 혁신적 판매법을 창조해 개성 인삼의 성가를 국내외에 높인 기업가이다.

그는 백삼을 홍삼 못지않게 판매하는 방안으로 백삼의 허리에 금대를 입혀 고려인삼의 포장과 상표를 개발했다. 인삼 판로 개척의 공로를 인정받아 1935년에 개성 백수동 수암공원 광장에 공로비가 건립되기도 했다.

1920년대 이후 설립된 개성상인 기업회사

1920년대 이후에는 설립된 대표적인 개성상인 기업은 다음과 같다. 먼저 1920년대에 설립된 것으로는 송도식산주식회사(1927년, 대표 김정호(1938년, 황중현), 자본금 10만 원), 개성무진주식회사(1927년, 대표 박우현, 자본금 6만 원), 개성운수창고주식회사(1927년, 대표 임한항, 자본금 5만 원), 개성상사주식회사(1928년, 대표 최선익, 자본금 20만 원) 등이 있었다.

1930년대 이후에는 춘포사(1934년, 대표 공성학, 자본금 13만 원), 개성흥업주식회사(1936년, 대표 공성학, 자본금 10만 원), 개성삼업주식회사(1936년, 대표 공성학, 자본금 200만 원), 만몽산업주식회사(1936, 대표 공진항, 자본금, 50만 원), 송도화물 주식기회사(1936년, 대표 장학순, 자본금 5만 원), 중앙산업주식회사(1937년, 자본금 6만 원) 등이 세워졌다. 대부분 공성학의 지배주주 회사였다. 공성학은 인삼자본을 산업자본으로 전환한 공로자로 민족기업가로서 평가되고 있다.

일제하 개성상인의 기업가정신

당시 개성상인의 기업가정신은 아래와 같이 특징지을 수 있다. 먼저 개성상인들은 상인원칙을 중요시하고 그에 따라 경영활동을 했다. 개성상인의 원칙은 품질은 신용으로, 가격은 수요와 공급의 원칙으로, 자금은 현금으로, 외상의 경우에는 대금업(貸金業)의 원칙대로 이자를 철저히 계산한다. 또 개성상인들은 신속하게 손익계산을 해 이익을 챙겼다. 규모에 관계없이 이익을 발생시켜야하며, 손해를 보고는 절대 인삼을 팔지 않는다.

식민지시대이지만 일본 상인들에게 구걸하면서 인삼을 판매하지 않았다. 개성상인들은 기회의 민첩성을 가지고 있었다. 조선총독부는 물론 일본제국주의 자본가들도 개성상인의 민첩한 상행위의 기회를 당해 내지 못했다. 이에 따라 일본 제국주의 자본가들도 개성상인에게는 상도의(商道義)를 지켰다.

마지막으로 개성상인은 개척정신과 도전정신이 무장되어 있었다. 일제하의 개성상인들은 전국의 상권을 가지기 위해, 인삼판매업과 자금대부업 등을 중심으로 일제와 싸웠다. 일제에서 끝까지 살아남은 개성의 보부상은 민족애국정신에 투철했고, 삼업자본 또는 상업자본으로 산업자본화하기 위해 노력했다.

5. 해방 이후 개성상인 출신 기업가의 경영이념

성공한 개성상인의 후예들

개성상인 출신 기업가들은 조선왕조와 일제 치하를 거치면서 끈질긴 생명력과 투쟁정신, 그리고 개척정신으로 무장됐다. 이런 정신은 대대로 해방 이후 사업에 성공한 기업가들이 많다. 그들은 송상(松商)의 후예를 자처하면서 기업을 창업해 재벌로 성장했다.

먼저, 서성환(태평양화장품주식회사, 현 아모레퍼시픽) 회장을 꼽을 수 있다. 서 회장은 1945년 9월에 주식회사 태평양을 창업했다. 창업 당시 상호는 태평양화학공업사였다. 그는 21세기 사업구조 고도화를 도모하면서 세계 10대 초우량기업으로 성장하기 위한 새로운 경영시스템을 전개했다. 태평양화장품(주)의 경영이념은 인류봉사, 인간존중, 미래창조 등으로 요약된다. 특히 기술제일주의정신, 협동정신 등에서도 개성상인 특유의 정신을 계승하고 있다.

이회림(동양화학주식회사) 회장은 1934년 송도 포목상, 1967년 청구목재를 인수하고, 동양화학을 창업해 성공한 대표적 개성상인 출신 기업가이다. 그는 경영이념을 성실, 신용, 비용절감 등으로 규정해 실천하고 있다. '중요처세의 사람경영'이라는 그의 경영철학은 유교 가치경영의 대표적 사례다.

단사천(한국제지주식회사) 회장은 1945년에 창업해 해성직물상회, 한국모방, 한국농약 등을 설립하는 등 제지업, 섬유업, 전기업 등에서 성공한다. 그의 경영이념은 정직, 인화, 근검, 창의 등을 기본으로 했으며, 사회적 책임을 실천하는 기업가정신을 실현시켰다.

우상기(주식회사 신도리코) 회장은 1960년에 (주)신도리코를 창업해 우리나라 복사기 제조업의 독보적인 존재로 성공했다. 그는 1939년 개성공립상업학교를 졸업하고 방직회사에서 직공으로 일하다가 해방을 맞았다. 이후 복사기의 미래를 예측하고 국내 최초의 사무기기 전문기기업체 신도교역을 창업했다. 그의 나라사랑, 직장사랑, 사람사랑의 삼애정신(三愛精神)은 신도리코의 기업문화를 이끌어가는 원동력이 되었다.

이정림(대한유화주식회사) 회장은 1929년 개성 남대문에 있는 송래상회 점원로 들어가 장사 수완을 익히기 시작했다. 이때 그는 점원을 하면서 개성의 송도치부법 등을 배웠다고 한다. 1955년에 대한탄광, 대한양회를 운영했고, 1970년에 대한유화주식회사를 창업했다. 그의 경영이념은 고객만족, 기술혁신, 인화단결 등으로, 정직과 신용주의 정신을 기본으로 실천했다. 특히 임직원에게 귀속감과 연대의식을 함양시키는 등 송상의 상인정신을 현대기업의 경영이념으로 발전시키는 데 노력했다.

이 외에도 개성상인정신을 실현한 기업가 후예들은 허영섭 회장(녹십자), 임광정 회장(한국화장품), 허동섭, 정환진 회장(한일시멘트), 고흥명 회장(한국파이롯트), 김종인 회장(서흥캡셀) 등에서 찾아 볼 수 있다. 이들 개성상인 출신의 기업가 후예의 경영실적은, 지난 IMF 외환위기 이후 모래성처럼 무너져 가는 재벌그룹들 중 어느 기업보다 우수하고, 건실했다. 이것은 '돌다리도 두드리고 건넌다'는 개성상인의 경영방식이 내실경영으로 현실화한 결과라고 평가한다.

개성상인 출신 후예들의 공통적 특징

개성상인 출신 후예들은 끈질긴 생명력으로 상업을 이어왔다. 신용제일주의정신, 협동심, 근검절약 정신 등 '개성상도의(開城商道義)'를 바탕으로 어려움을 극복했다. 또 개성상인 기업들의 경영방식은 자린고비정신, 돌다리도 두드리고 건넌다는 신중한 정신, 신용을 잃으면 모래성처럼 무너진다는 신용제일주의정신 등을 공통적인 특징으로 가지고 실천하고 있다.

여기에 1962년부터 2000년대까지 경제개발기와 경제성장기를 거치면서 과거에 축적해 놓은 상업자본을 산업자본화 하는 것에 크게 기여했으며, 국익정신, 국가보은정신을 실현하는 데 일조했다. 마지막으로 IMF의 경제위기 당시 개성상인 출신 기업가들의 기업은 재무

구조가 튼튼해 적자를 보지 않고 계속 성장했다. 그 이유는 그들의 경영이념이 유교적 가치를 실현한 개성상인정신, 정심경영(正心經營), 정도경영(正道經營)이었기 때문이라 평가된다.

6. 유교가치경영의 실천

많은 개성상인 출신 기업가의 경영이념은 유교적 가치를 실천하면서 큰 경영성과를 창출했다. 특히 개성상인 출신 창업자의 공통적인 경영이념은 다음과 같이 유교적 가치를 실천하는데 주력했다.

인화단결주의(人和團結主義)
인(仁), 의(義), 신(信) 등을 기본으로 하고 협동정신과 민족주의정신으로 어려울 때 단합한다. 불우한 이웃을 보며 돕고, 나라와 동족을 배반하지 않는 다. 외세와 협력하지 않는다.

도전(挑戰)과 신념주의(信念主義)
정의와 신(信) 등을 바탕으로 실패를 두려워하지 않고 도전한다. 고집이 강하고 용기가 있으며, 끈질기게 매달린다.

창의(創意)와 개척주의(開拓主義)
지(智)와 의(義) 등을 기본으로 끊임없이 노력해 기술을 개발하고, 새로운 시장, 새로운 고객, 새로운 제품 등을 창조하고, 혁신한다.

신용(信用)과 성실주의(誠實主義)
신(信)과 예(禮) 등을 토대로 개성상인은 '신용을 잃으면 모든 것을 상실한다'는 신념이 강하다. 믿음, 약속, 신용으로 승부한다.

고객우선주의(顧客優先主義)
인(仁), 예(禮), 그리고 의(義) 등을 기본으로 정직과 친절로 보답한다. 최고의 품질로 고객을 맞이하며, 고객을 만족시킨다.

근검절약주의(勤儉節約主義)
인(仁), 의(義), 신(信) 등을 바탕으로 분수를 알고 부지런하다. 그리고 맨발로 뛰고, 무조건 절약하며 아끼고 저축한다.

이상과 같이 개성상인 경영이념의 유교적 실천은 인(仁), 의(義), 예(禮), 지(智), 신(信) 등 오상(伍常)의 가치 실천에서 찾아볼 수 있다. 오늘날 우리나라의 세계적 기업들은 대부분 이 같은 유교적 가치를 바탕으로 한 경영이념으로 경영성과를 올리고 있음을 발견 할 수 있다. 유교와 경영은 이처럼 유교의 기업가정신(Entrepreneurship)을 바탕으로 경영성과를 실현하고 있는 것이다.

미니박스 ④

버진 그룹의 도전

영국 버진 그룹의 창업자 리처드 브랜슨. "중요한 것은 뭔가 특별한 것을 창조했는지, 다른 사람의 인생에 진정한 변화를 일으켰는지 여부"라고 말하는 그는 창조적 기업가의 아이콘으로 불린다. 그의 아이디어는 오늘날 세계 30여 개국에서 200여 개의 계열사를 거느린 버진 그룹의 원동력이었다.

브랜슨의 관심은 모든 산업에 걸쳐 있다. 16세 때 난독증을 극복하기 위해 학생잡지 〈스튜던트〉를 만든 그는 이후 버진 레코드로 사업 기반을 마련한 뒤 1984년 항공사 버진애틀랜틱 항공, 1999년 이동통신사 버진 모바일, 2004년 우주관광사 버진 갤럭틱 등 다양한 사업으로 진출했다.

그는 사업 아이템 발굴부터 브랜딩, 시장 개척, 서비스 등 모든 부문에서 창의성을 강조한다. 시대를 앞서 불굴의 도전 정신을 보여준 개성상인의 경영 태도를 그에게서 발견할 수 있는 것이다. 브랜슨은 끊임없는 도전으로 특히 유명하다. 보트를 타고 최단시간 대서양 횡단 기록에 도전했고, 열기구를 타고 세계 일주를 시도하기도 했다. 소형 잠수함을 타고 5대양 심해 탐험을 시도하는 한편 우주관광업체도 세웠다.

버진 그룹 브랜드는 그의 도전에 큰 빚을 지고 있다. 그 스스로도 "내가 도전하는 이유는 버진(Virgin)이라는 브랜드 때문"이라고 말한다. 도전한다는 의미의 브랜드 가치를 실천하는 것이다.

브랜슨은 모든 직원들에게 기업가정신을 가질 것을 주문하고 있다. 직원들이 주인의식을 갖고 스스로 움직이도록 독려하는 것이 그의 인재경영 철학이다. 이 덕분에 100여 명의 버진 그룹 직원들이 백만장자나 억만장자가 됐다.

혜강 최한기의 인간경영

박성수(전남대학교 교수)

1. 마지막 실학자 혜강 최한기

이이(李珥)는 실(實)이란 빈 것, 헛된 것, 거짓된 것, 내용이 없이 겉만 꾸미는 것의 반대 의미를 지닌 것으로 보았다. 《동호문답(東湖問答)》에서는 "사람이 뜻을 세운 뒤에는 실(實)에 힘쓰는 일이 가장 중요하다"고 강조했다. 17, 18세기에는 당시의 정치·경제·사회·문화적 측면에서 어려웠던 문제를 해결하기 위해 허(虛)가 아닌 현실성을 강조한 실학(實學)이 등장하게 된다.

실학이 조선 후기에 태동하게 된 이유는 유학(성리학)의 약점과 폐단을 극복하고 민족의 주체의식을 찾아 전근대적 상황을 탈피하고자 한 것이다. 이를 위해 경세치용(經世致用), 이용후생(利用厚生), 실사구시(實事求是)의 가치를 들고 나왔다. 정약용, 박제가, 홍대용 등이 주류를 이루고 있으나 마지막 실학자 혜강(惠岡) 최한기(崔漢綺, 1803~1877년)를 빼 놓을 수 없다.

개혁적이고 진취적인 실학의 경향이 점차 퇴색해진 시기에 실학의 마지막을 장식한 최한기는 우리 철학사에서 매우 독특한 인물로 기록되고 있다. 그가 살던 시대의 조선은 봉건사회 내부의 붕괴와 서구사회의 외부적인 충격이 교차하던 시기다. 그 당시 그는 서양서적과 관련 자료를 가장 많이 소장한 인물로 선현들의 기(氣)철학을 계승해 고도로 발전시킴과 동시에 서양의 과학지식을 근대화시켰다. 서양학문에 박식한 최한기에게 흥선대원군이 자주 자문이 구했다는 설도 있다.

육당 최남선은 최한기를 우리나라 최고 기록을 남긴 대저술가라고 했다. 그는 천문·지리·농학·의학·수학 등 학문 전반에 걸쳐 1,000여 권을 저술했다. 하지만 그에 대한 연구가 1970년대에 시작될 정도로 세상에 알려지지 않아 현재 15종 80여 권만 전해지고 있다. 도올 김용옥은 경학(經學)의 주석체계라는 방법론을 완전히 이탈해 기학(氣學)이라는 독창적인 사유체계를 전개한 사상가라 평가했다. 이외에도 우리나라에 코페르니쿠스의 지동설을 처음으로 온전하게 전해준 인물이라고 한 학자도 있다.

최한기의 철학은 이전 실학자들과 차이를 보이고 있다. 최한기 이전의 조선 후기 실학자들이 물질과 정신 간의 관계를 선후(先後)와 본말(本末)을 달리해 파악한 반면, 그는 기학을 통해 물질과 정신이 통하는 것으로 보았다. 그의 문호개방과 개국통상에 대한 주장은 기학의 실학적 성격을 보여주고 있다.

최한기의 사상과 철학을 집대성한 걸작이 바로《인정(人政)》이다. 그는 이 책에서 자연과학을 사회과학으로 승화시키려 했다. 사회적·

정치적 질서도 인간이 근본이요, 자연과 인간의 조화도 인간을 통해 추구할 수 있다는 철학적 입장에서 인도철학(人道哲學)을 사회적으로 해명한 책이다. 총 25권인 《인정》은 그가 58세인 1860년에 완성(1860)됐다. 《인정》의 7권인 〈감평〉은 그의 나이 36세 때 썼다.

《인정》은 총 25권이 측인문(測人門), 교인문(敎人門), 선인문(選人門), 용인문(用人門)의 4문으로 구성되어 있으며, 모두 1436조다. 4문을 통하게 되면 하늘과 인간의 큰 다스림이 합치된다고 했다. 사람을 헤아리고(測人), 가르치고(敎人), 선발하고(選人), 써야(用人)만이 막히거나 분열되는 근심이 없다는 것이다. 측인은 용인의 근원이고 용인은 측인의 효과며, 교인과 선인은 그 중간을 수행하는 단계로 규정했다.

《인정》은 모든 체계마다 우주, 인간, 사물을 함께 어우르는 통합적 관점에서 일관되게 쓰여졌다. 최한기는 사회와 우주의 영역 간의 연속성 속에서 인간경영의 해답을 찾으려 했다. 철학과 제도를 융합시킴으로써 이론과 실천을 동시에 조화시킨 것이 인도철학의 중심이다.

《인정》 제6권인 〈측인문〉에 따르면, 인도(人道)란 '인간이 하늘의 운화원리를 따라 살아가기 위한 행위 규범들의 총체'라 규정했다. 조직과 구성원 모두에게 중요한 것은 인도며, 인도를 중심으로 인간경영이 이루어져야 함을 강조하고 있다.

2. 최한기의 인도(人道)철학

최한기는 기학(氣學)의 체계를 확립해 이기론(理氣論)에서 벗어난 독특한 존재론적 근거를 제시했다. 그는 경험적 인식을 중시하고, 하나의 통일된 우주와 사회의 질서체제를 구성했다. 다산 정약용이 경학(經學)을 통해 인간과 자연이 분리되는 중간점에 서 있었다면, 최한기는 기학을 통해 인간과 자연을 분리시켰다는 점에서 독창성과 혁신성이 돋보인다. 최한기는 인간, 우주, 사회의 모든 존재영역을 신기, 운화, 추측, 변통을 통해 설명하고 있다.

최한기의 기본 철학 개념

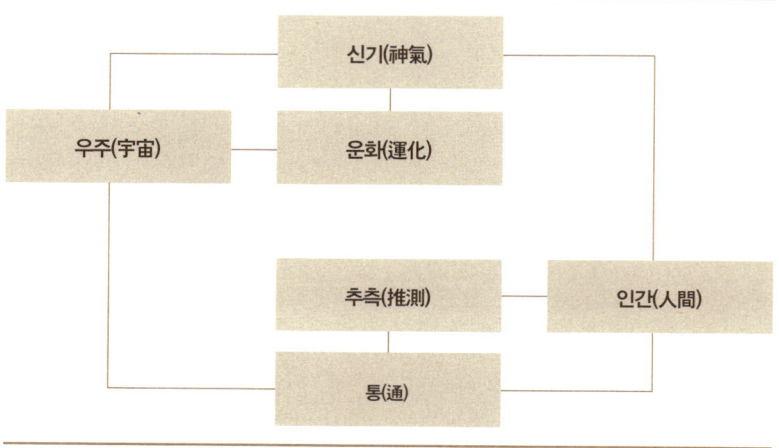

살아 움직이는 에너지 신기(神氣)

성리학에서 기(氣)는 천리를 싣고 천리가 명하는 대로 따르는 종(從)과 같았다면, 최한기의 기(氣)는 스스로 법칙성을 내장한 독립적이고 자주적인 주인(主人)이다. 이는 오늘날 천문학과 물리학에서 말하는 에너지와 동일하다. 그는 기를 숨소리라면서, 이는 사람이 살아 있다는 생명의 징표로 봤다. 우주생명의 숨소리로 기를 개념화했던 것이다.

최한기는 자신의 철학의 핵심을 인간에 두고 우주와 인간을 연결하는 것이 신기(神氣)라고 했다. 신기를 통해 인간과 우주, 인간과 사물, 인간과 사회 등의 관계를 설명한 셈이다. 결국 신기는 눈에 보이지 않는 작용이나 원인을 알 수 없는 운동을 지칭하는 신(神)이라는 개념과 그 작용 내지 운동의 주체로 간주된 기(氣)가 합쳐진 용어로, '신령한 기'라는 의미로 사용되었다.

기란 한 덩어리의 살아 움직이는 것으로 본래부터 순수하고 담박하여 맑은 바탕을 가지고 있어서 천지가 작용하는 바탕이요, 신은 이러한 기의 덕(德)이다. 기의 운동과 변화 모두를 지칭하고 있기에 형체 있는 사물을 구성하는 요소와 사물의 운동을 가능하게 하는 근원이 별개의 것이 아니라는 것이다.

그래서 그는 우주와 인간을 일관하는 것이 신기라고 했다. 그러면서 기(氣)와 질(質)의 개념을 '운화의 기(기 자체의 본질적 성격)'와 '형질의 기(개체를 구성하고 있는 실질적 조건)'로 구분했지만, 이는 이질적이 아닌 동일한 존재로 파악했다. "형질이 크면 그 신기도 크고, 형질이 작으면 그 신기도 작다"라면서 신기라는 기의 일종이 따로 있는 것이 아니라 각 형질에 따라 형성되는 것임을 말하고 있다.

이처럼 신기란 살아 움직이며 무한한 작용 능력을 지닌 기로서, 체(體, 인간이나 만물이 가진 신체 내지 형체를 의미)와 용(用, 하늘·사람·사물의 차이를 나타내는 질을 의미)을 통일하고 있는 존재이다. 기(氣)란 단어는 우리 일상생활에서 자주 쓰고 있다. 기가 끊어지는 것이 기절(氣絶)이요, 기의 성품이 기품(氣稟)이요, 기를 나누는 것이 기분(氣分)이다. 기를 잘 나누면 기분이 좋고 잘못 나누면 기분이 상하게 된다. 이처럼 기란 더하고 빼고 나누고 곱할 수 있는 살아 움직이는 것이며 성과에도 영향을 미친다고 볼 수 있다.

변화작용의 총괄자 운화(運化)

운화란 기가 우주에 충만하고 끊임없이 유행하며 만물을 창조하는 의미로, 합리성과 목적성을 내포한 통일성을 지닌 자기변화로서 '변화작용을 총괄하는 것'으로 보았다. 최한기는 우주 안의 모든 작용이 '활동운화'에서 벗어나지 못하고 있다며 기(氣)의 기본구조로 '활동운화(活動運化)'를 제시했다. 활이란 '기의 생명성', 동이란 '기의 운동성', 운이란 '기의 순환성', 화란 '기의 변화성'을 의미한다. 운화를 통해 기를 살아 움직이게 하고 변화하게 만들 수 있다.

따라서 최한기는 '운' 개념을 통해 세계 각국의 인물들이 아무런 장애 없이 서로 소통할 수 있는 이론적 근거를 제시했다. 또 '화'에 근거해 변통을 잘 하면 만물의 뜻을 깨달아 모든 일을 이룬다는 개물성무(開物成務)에 도달한다고 했다.

그가 운화개념을 수용한 것은 지구가 자전하고 공전한다는 사실에 근거해 우주에 운동하지 않는 것이 없다고 보았기 때문이다. 크고 작은 범위가 제각기 해당하는 바가 있으며 운화 간의 연계성을 통해 우주유기체적 기 철학을 제시하고 있다. 그래서 최한기의 기학(氣學) 사상은 '천인운화(天人運化)'로 요약할 수 있다.

천인운화는 자연적 원리와 인간적 원리가 합일된 상태의 운화, 다시 말해 인기(人氣)의 운화가 천기(天氣)의 운화에 순응하는 상태의 운화를 말한다. 이러한 상태는 우주와 인간이 하나가 되는 기학적 경지로서, 수신(修身), 제가(齊家), 치국(治國), 평천하(平天下)라는 유학의 전통적 과제들이 자연스럽게 해소된다.

최한기는 천인운화를 일신운화(一身運化), 통민운화(統民運化), 천지운화(天地運化)로 나누었다. 일신운화는 인간 개인 삶의 모습을 의미하는 것으로 인간의 성장에서 노쇠까지의 변화를 말한다. 통민운화는 모든 백성의 삶의 모습을 의미하는 것으로 예의, 규율, 그리고 사농공상의 직업 안정을 가리킨다. 통민운화는 인도를 널리 시행해 하나의 대동사회를 실현하기 위한 주요한 인사(人事)이다. 천지운화는 천지의 활동 모습을 의미하는 것으로 계절과 일기에 따라 일신운화가 달라지기 때문에 천지운화는 일신운화의 근본이라고 할 수 있다.

결국 일신운화는 수신의, 교접운화*는 제가의, 통민운화는 치국의, 천지운화는 평천하의 요체가 되는 것이다. 주자학에서는 수신이 되면 치국평천하가 형성된다고 주장하면서 수신을 강조한 반면 최한기는 천인일치를 이루었느냐에 따라 수신, 제가, 치국, 평천하가 이루어지며 이를 통해 이로움과 선함이 확보된다고 했다.

미룸과 헤아림 추측(推測)

최한기의 저서 《기측체의(氣測體義)》의 〈추측록서(推測錄序)〉에 따르면 '하늘을 이어받아 이루어진 것이 인간의 본성(性)이고, 이 본성을 따라 익히는 것이 미룸(推)이며, 미룬 것으로 바르게 재는 것이 헤아림(測)이다'라고 했다. 그는 미룸이 올바르면 헤아림에 방법이 생기고 미룸이 올바르지 못하면 헤아림도 올바르지 못하다며 미룸과 헤아림의 중요성을 강조했다.

즉, 추측이란 미루어 알고 헤아린다는 뜻이다. 대개 하늘의 기가 유행(流行)하는 이치(理)는 물(物)의 증감이 없어도 사람 마음의 추측으로 인해 차이가 있을 수 있다. 유행과 추측이 부합되지 않을 경우에는 이(理)가 현저하게 다를 수 있다는 것이다. 경험과 검증에 따른 개인차로 여러 개의 이(理)가 존재하게 되지만, 유행과 추측이 부합되면 하나의 이(理)가 된다고 봤다.

최한기는 이(理)를 '천기유행(天氣流行)의 이(理)'와 '인심추측(人心推測)의 이(理)'로 나누어 설명하고 있다. 천기유행의 이(理)는 자연의 이(理)로 자연법칙이나 존재법칙을 받들고 따라야만 선(善)이 된다. 인심추측의 이(理)는 당연의 이(理)로 인간의 도리나 당위법칙을 받들고 따라야만 선이 된다.

결국 기(氣)를 미루어 이(理)를 헤아리고, 정(情)을 미루어 성(性)을 헤아리며, 동(動)을 미루어 정(靜)을 헤아리고, 자기를 미루어 남을 헤아리며, 물(物)을 미루어 사(事)를 헤아린다면, 추측과 유행이 자연스럽게 하나의 이(理)가 된다고 했다.

그래서 허영(虛影)이 곁에서 옮겨지고 풍파는 일어났다가도 없어진다는 것이다. 따라서 추측은 인간이 부여받은 조건에 따라 활동하는 작용이다. 선천적으로 얻어지는 것이 아니라 인간의 신기가 경험을 통해 얻어진다. 인간의 운화 변화 과정의 개별화와 다양화에 따른 차이와 단절을 하나로 연결시키고 묶을 수 있는 것이 추측이라 했다. 추측 그 자체가 운화이면서 개별적 존재의 단절과 이질성을 소통하게 하는 것이다.

천지합의 소통 수단 통(通)과 변통(變通)

통(通)이란 '천의 신기', '인의 신기', '사물의 신기'가 서로 소통함을 말한다. 천·지·인의 신기가 천지합일이 되는 수단이며, 인식의 첫 단계이자 최종단계로 봤다. 첫 단계의 통은 감각 또는 지각의 경험 없이는 인식이 불가능하다고 봤다. 그것은 그 다음 단계로 유행의 천기에 통해야 하며, 최종적으로 안민(安民)에 실용적인 것으로 검증되어야만 완전한 소통이 이루어진다고 봤다.

최한기는 이처럼 궁극적 과제를 우주와 인간이 소통하는 것으로 보면서 우주는 고정되어 있지 않고 끊임없이 운행하고 변화하는 것이라고 했다. 그는 운행하고 변화하는 우주와 소통하기 위해 인간은 더욱 경험과 추측을 통해 끊임없이 스스로 변화해야 한다고 강조했다. 이것이 곧 소통의 기본적 형식으로서의 변통(變通)이다.

변통의 변(變)은 '꾀'라는 뜻이며, 통(通)은 '지장 없이 행해지다'는 뜻이다. 변통이란 꾀를 부려 쓸모없는 것을 쓸모 있는 것으로 고치고, 통하지 않는 것을 통하도록 하는 것이다. 기회에 따라 항상 변통하는 일은 인사에만 있는 것이지, 천기의 유행이나 땅의 성질은 사람의 힘이나 꾀로 변통할 수 없다고 설명했다. 조직에서 인사라는 변통을 통해 쓸모없는 것을 쓸모 있게 만들고 통하지 않는 것을 통하도록 해야 한다고 말했다.

무궁무진한 존재 인간(人間)

최한기는 인간의 육체와 정신을 통괄하고 조정하는 것이 신기(神氣)며, 인간의 주체를 이루는 신기는 마음(心)이라고 봤다. 인간은 독특한 모양이나 성질인 형질(形質)을 가지고 있으며, 이러한 인간의 형질은 추측이라는 특수한 기능에 의해 대상 세계와 통하고 있다.

인간의 형질은 수동적인 형질통(形質通, 신체의 조건에 따른 본능적인 활동으로 대상과 소통하는 것을 의미하며 사람마다 차이는 미약)을 기반으로 능동적인 추측통(推測通, 인간의 신기가 지닌 신명함을 발휘해 통하지 않는 것을 통하게 하는 지각과 판단의 활동을 의미하며 사람마다 차이는 무궁무진)이 일어난다고 봤다.

인간에게 신기는 하늘, 풍토, 유전, 습관에 의해 생성되는데 하늘, 풍토, 유전은 고칠 수 없는 것이지만, 습관은 공부로서 변화가 가능하다고 봤다. 즉, 교육을 통해 신기를 움직일 수 있는 것이다. 인간의 본성은 인간관계에서 선과 악이 형성된다.

인간의 선과 악을 성(性)에서 찾는 것이 아니라 이(利)와 해(害)에서 찾았다. 사람과 사물의 관계에서 선과 악, 허와 실이 생기는 것이기 때문에 관계가 생기기 전에는 선과 악, 허와 실이라는 명칭이 생기지 않는다(善惡虛實生於交接). 그래서 인간의 본성이 본성 자체에 있는 것이 아니라 인간관계 속에서 생기는 것으로 생각했다.

종합하면 최한기는 인간의 본질적 구조를 '신기', '운화', '추측', '변통'을 통해 우주와 만물과의 관계 속에서 밝히고자 했다. 모든 인간의 다양성을 신기와 운화의 존재론적 근거 위에 체계 있게 추구하면서, 추측을 통해 인식기능을 해명하고, 변통을 통해 삶의 과정을 밝히고 있다. 또 통민(統民)의 사회질서와 대동(大同)의 이상사회를 제시하고, 나아가 인도(人道)의 이념 속에 인간학적 철학을 담았다.

그는 우주, 사회, 인간 문제를 기(氣) 하나로 설명하려 했고, 인간의 중요성을 강조했다. 그의 인도철학은 사람을 인도(人道)에 따라 헤아리고(測人), 가르치고(敎人), 선발하고(選人), 써야(用人)함을 설명하고 있다.

3. 사람을 헤아리는 법

조직에서 어떤 일을 할 수 있는 학식이나 능력을 갖춘 사람을 인재라 한다. 인재는 조직에서 꼭 필요로 한 보물과 같은 인재(人財), 있어도 그만 없어도 그만인 인재(人在), 조직에 해를 주고 있어서 오히려 없어져야 하는 인재(人災)가 있다.

그렇다면 스스로는 어느 인재에 속할까. 또 조직에서는 어떠한 인재를 선발해야 할까. 조직에서 꼭 필요로 하는 인재를 어떻게 올바르게 측정할 수 있을까.

인도의 귀천으로 사람을 헤아려라

인도(人道)란 사람의 도를 다하는 것을 말하며, 인모(人貌), 인기(人氣), 인심(人心), 인사(人事)를 통틀어 인도라 한다.

최한기는 사람의 귀천을 네 등급으로 나누었다. 한 집안 사람이 귀히 여기거나 천히 여기는 소귀(小貴), 소천(小賤)은 4등급으로 용모에 따른 구분이다. 한 지역 사람이 귀히 여기거나 천히 여기는 차귀(次貴), 차천(次賤)은 3등급으로 학식이 좌우한다. 백성들 가운데 그 절반이 귀히 여기거나 천히 여기는 중귀(中貴), 중천(中賤)은 2등급으로 학식과 견문에 따른 것이다. 모든 사람이 하나같이 귀히 여기거나 천히 여기는 대귀(大貴), 대천(大賤)은 1등급으로 행도(行道, 천인운화에 따라 행동한 사람으로 많은 사람들을 깨우치는 행동)에 따른 것이다. 귀하고 천함의 모든 것이 행도에 있기 때문에 행도하는 자를 찾아낼 수 있는지가 조직의 성패를 좌우한다는 것이다.

위대한 인물이 처음에 등용된 것은 모두 덕업(德業)과 재능이 능히 일을 감당할 수 있었기 때문이지 용모 때문은 아니라고 했다. 비록 생김새가 천하더라도 세상의 이치를 알고 인도를 행하게 되면 귀격이 된다는 것이다.

외모 지상주의에 사로잡힌 오늘날의 현실에서 되새겨볼 만한 지적이다. 그는 귀하고 천함뿐만 아니라 인간의 자질과 능력을 평가할 때도 인도가 근본이 되어야 한다고 했다. 사람을 헤아리기 위해 등급을 나누었는데, 3등급은 '화복운화(용모)', 2등급은 '신인운화(일)', 1등급은 '천인운화(인도)'이다.

이에 따르면 먼저 선악, 길흉, 화복으로 개인의 기품과 자질을 분별하고, 2등급인 일의 수행을 통해 능력과 성과를 관찰해야 한다. 그 다음에는 인도를 통해 도덕적 규범인 오륜과 합치하는 태도를 보이는지에 따라 사람을 헤아리는 것이 바람직하다고 했다.

그릇을 써봐라

최한기는 사람을 그릇에 비유했다. 그릇은 시험 삼아 써봐야 예리한지 둔한지, 정밀한지, 엉성한지, 그 성질이나 용도를 알 수 있다. 사람과 일이 서로 적합한지 적합하지 않는지는 마치 그릇과 사물의 조화 여부와 같다. 겉으로 능숙한 언변은 아무런 유익함이 없고, 일로 시험해봐야 사람을 정확하게 평가할 수 있다.

그는 옛 사람의 말을 인용해 '면(面)상이 배(背)상만 못하고, 배상은 심(心)상만 못하고, 심상은 행사(行事)하는 상만 못하다'고 했다. 면상, 배상, 심상의 길흉은 모두 일을 해봄으로써 나타나기 때문에 일을 처리하는 행동을 보지 않고는 사람의 상을 헤아릴 수 없다는 것이다.

따라서 그 사람의 상의 이치를 알고, 직접 일을 맡겨봄으로써 인도를 행하는지를 헤아리는 것이 가장 중요하다고 봤다. 또한 그는 천하의 크고 작은 일을 행하는 데는 모두 화(和)로써 근본을 삼아야 하기 때문에, 써 봄으로써 화를 존중하는 사람인지 화를 깨는 사람인지도 헤아려야 한다고 했다.

과학적으로 평가하라

최한기는 사람을 헤아리는 데 있어서 가장 중요한 것은 인품을 감별하는 것으로 생각했다. 사람이 크고 작은 일을 경영하면서 사람을 얻어 성공하기도 사람 때문에 실패하는 일도 있기 때문에 사람을 고르지 않을 수 없다면서 감평(鑑枰)**의 중요성을 언급했다. 감평은 기본적인 인품을 감별해 인물을 선택하는 원천을 제공하는 것이다.

그는 감평을 통해 사물에 대한 기수(氣數)적 개념을 사람에게 적용했다. 5구(具)와 5발(發)은 사람마다 다 갖추고 있기 때문에 사과(四科, 강·약·청·탁)에 따라 사과열표(四科列表)를 만들어 모두 1,024등급(4^5)으로 인품을 감별했다. 이를 보면 타당성 문제를 차치하고도 사람을 측인하는 것에 계량적 평가 개념을 도입한 과학적 시스템을 구축했다는 점에서 혁신적인 진보로 볼 수 있다.

조금 더 자세히 살펴보면, 사람마다 기품(氣稟), 심덕(心德), 체용(體容), 문견(聞見), 처지(處地)의 5구***가 있으면 반드시 그 5구가 발하는 것이 있다고 했다. 이를 재국(才局), 응변(應變), 풍도(風度), 경륜

(經綸), 조시(措施)의 5발이라 했다. 물이 있으면 반드시 그 법칙이 있는 것과 마찬가지이다.

이는 신기(神氣)의 내기(內氣)와 외기(外氣)와의 관계설정에서 볼 수 있듯 5구를 내기의 법칙으로, 5발을 외기의 물로서 파악했다. 5구 5발로 내기와 외기의 상응관계를 입체적으로 표현한 것이다.

먼저 기품(氣稟)은 태어날 때부터 갖게 되는 기질을 의미한다. 선천적으로 나타난 품성이다. 품성을 통해 재국(才局)이 발하게 되는데, 이는 일을 능숙하게 처리하는 재주와 능력을 말한다.

심덕(心德)은 운화의 기를 받아 갖추게 된 마음의 상태를 의미한다. 후천적으로 형성된 심성으로 노력 여하에 따라 달라진다. 심덕을 통해 응변(應變)이 발하게 되는데, 이는 다른 사람의 요구에 응(酬應)하고 통변(通變)하는 것을 말한다.

체용(體容)은 기가 형체를 이루어 밖으로 드러내는 자태로 외모와 같은 외형적인 것을 의미한다. 기품과 같은 선천적인 면과 심덕과 같은 후천적인 면이 모두 포함되어 있는 외형이다. 체용을 통해 풍도(風度)가 발하게 되는데, 이는 진리를 깨우친 불제자와 같은 풍채와 태도로 예법에 맞는 몸가짐(威儀)을 말한다.

문견(聞見)은 눈과 귀로 보고 들어 마음이 분별해 취하고 버릴 줄 아는 지식과 판단 능력을 의미한다. 문견을 통해 경륜(經綸)이 발하게 되는데, 이는 사리분간(經緯)을 하면서 일을 처리하는 능력을 말한다.

처지(處地)는 그 사람의 지위의 귀천과 재력의 빈부의 상태로 현재의 직책이나 상황을 의미한다. 처지를 통해 조시(措施)가 발하게 되는데, 이는 일을 들어 행하는 것을 말한다.

최한기는 5구를 인물을 갖춘 분수로 보고 계량화했다. 5구 중 기품을 4분, 심덕을 3분, 체용을 2분, 문견을 1분, 처지를 0.5분으로 보았다. 이때 분수는 4과에 따라 장(長)과 소(消)로 나누었다. 예를 들면 기품이 강하거나 청하면 장 4분이지만, 약하거나 탁하면 소 4분이 된다. 장과 소에 따라 우열분수로 나누어진다. 인품(장분(長分)값-소분(消分))값에 따라 장이 강하면 우분반이 되고, 소가 강하면 열분반이 된다. 따라서 완전한 인물은 우 10.5분이 되는데 반해 전혀 완전하지 못한 인물은 열 10.5분이 된다.

다음 그림은 감평의 사과열표다. 5구 5발에 맞는 4과를 각각 배열한 것이다. 이는 5구를 가지고 우열을 분별하기 위함인데, 이것이 통하지 않으면 발현된 5발을 살펴 구의 우열을 가리게 된다. 예를 들어 기품의 강약분수가 분명치 않을 경우 그 발현된 재국의 고저를 미루어 기품을 단정하게 된다. 재국이 높은 사람은 기품도 반드시 강하고 재국이 낮은 사람은 기품도 반드시 약하기 때문이다.

감평의 사과열표

5具	氣稟				心德				體用				聞見				處地			
4科 分數	强 長4	弱 消4	淸 長4	濁 消4	誠 長3	僞 消3	純 長3	駁 消3	厚 長2	薄 消2	美 長2	醜 消2	周 長1	比 消1	雅 長1	俗 消	貴 長0.5	賤 消0.5	富 長0.5	貧 消0.5
	↕	↕	↕	↕	↕	↕	↕	↕	↕	↕	↕	↕	↕	↕	↕	↕	↕	↕	↕	↕
4科	高	低	明	暗	恕己	隨人	始終	扞格	樂	憂	和	觸	通	禍	擧本	趨末	逸	勞	勤	怠
5發	才局				應變				風度				經綸				措施			

4. 사람을 가르치는 법

최한기는 사람을 가르쳐서 쓴다면 버릴 인물이 드물고, 가르치지 않고 쓴다면 흠이 없는 인물을 얻기 어렵다고 했다. 교육훈련의 필요성을 강조한 것이다. 무차별 평등교육이 아니라 자질과 능력을 평가해서 알맞게 교육시켜야하며, 학문은 옛사람과 뒷사람이 연결되어야 한다고 했다.

행함은 가르침에 달렸다

최한기는 아는 것은 나에게 있지만 행함은 남에게 달려 있다고 했다. 내가 아는 것을 남에게 투철하게 배어 들도록 해야 가르침이 시행되는 것으로 보았다. 비록 명백하게 아는 것이 있더라도 사람들에게 시행되지 않으면, 안 것이 운화 속에 감춰져 다른 사람들에게 전해지지 못하는 것이다. 어떠한 것을 시키려고 할 때에는 곧 그것의 가르침을 행해야 한다. 모든 것을 경험하려면 남의 가르침이 있어야 한다.
귀로 소리를 듣는 것은 혼자서 할 수 있지만 모든 소리를 경험하는 것은 남의 가르침이 있어야 한다. 그런데 모르면서 사람을 가르치는 자는 시끄럽게 말만 많으면서 도리어 아는 사람이 순서대로 운화를 따르는 것을 비방한다. 모르는 것을 모르는 자에게 배우고 모르는 것을 배워서 모르는 자에게 가르치는 것은 어둠 속에서 자신을 속박하는 것과 같다고 했다.
자신을 속박하는 것에서 벗어나려면 운화에 따라야 한다. 천지가 사람과 만물을 생성하는 것은 오직 기로 인한 것이고 먹고 마시고 호흡하는 것도 기가 아닌 것이 없다. 아는 것도 기이고, 모르는 것도 기이다. 따라서 운화기를 안다면 일상생활이 다 알 수 있는 단서를 가지고 있기 때문에 운화에 따라 배워야 하고 가르쳐야 한다. 그는 운화에 따라 가르침을 행해 학문을 하면 학문뿐만 아니라 인도도 얻을 수 있으며, 다음과 같은 9가지 효험을 얻을 수 있다고 했다.

- 마음의 흔들림이 없다.
- 비방과 배척하는 일이 없다.
- 귀신에 현혹되지 않는다.
- 12간지와 부적은 운화와 관계가 없다.
- 인물의 생성은 운화의 차례에 따라 이루어지는 것이지 억지로 나타난 것은 아니다.
- 옛 서적을 운화에 맞추어 보도록 한다.
- 사농공상의 생업을 운화의 형세를 따르면 절반을 일하고도 곱절의 이익을 얻는다.
- 실제 증거를 삼을 만한 경험을 많이 하면 깨달음이 부합된다.
- 일신운화, 통민운화, 대기운화에는 대소 등분의 규칙에 따라 다르므로 순서가 있다.

눈높이를 맞춰라

최한기는 가르치는 학자를 3등가로 구분했다. 상등의 학자는 기(氣)로써 듣고, 중등의 학자는 마음(心)으로써 듣고, 하등의 학자는 귀(耳)로써 듣는다. 귀로 듣는 자의 학문은 피부에 있어 눈앞의 현상을 보고, 마음으로 듣는 자의 학문은 흉중에 있어 심리를 탐구한다. 기로 듣는 자의 학문은 천하에 있어 온갖 사물의 형상을 모두 관찰할 수 있다. 그런데 이 세 가지 중 하나라도 빠뜨려서는 안 되고 셋을 모두를 겸비해야 완전하다고 했다.

그는 가르치는 데 있어 배우고자 하는 자의 눈높이에 맞춰야 한다고 강조했다. 가르치는 자가 상등의 것만 말하면 오직 상등의 사람만이 알아들을 수 있으나 상등의 사람은 원래 드물고 하등의 사람이 많다. 이 때 하등의 것을 들어 말하면 모두 알아들을 수 있으니 가르침은 지식의 얕음과 깊음, 높음과 낮음에 따라 이루어져야 한다. 예를 들어 우매한 자를 가르칠 때에는 운화 가운데 쉽게 접하고 크고 중요한 것부터 가르쳐 점차 젖어들게 하면 된다는 것이다.

배우는 자의 수준에 따라 학문에 힘쓰고 권하는 데 있어서도 차등을 두었다. 하등인을 상대로 해서는 비천한 말을 해야 하고, 중등인을 상대로 해서는 일정한 상태로 계속해 변함없이 말을 해야 한다. 상등인을 상대해서는 후학을 권하는 방법을 자세히 말해 주고 도를 함께 탐구하고 연구해야 한다.

또 배우는 자의 성장 과정에 따라 가르치는 내용을 달리 해야 한다고 말했다. 배우는 사람은 단계가 있어, 어려서는 인사교(人事敎, 업무와 관련된 교육)를 배우고 자라서는 인도교(人道敎, 인도와 관련된 교육)와 인천교(人天敎, 미지의 지식 탐구)를 배워야 한다. 이것은 지각의 차이가 있기 때문이다.

인사교는 사람을 사귀고 사물을 대하는 절차로부터 사농공상의 직업에 이르기까지 일찍 학습에 종사해 신기운화와 함께 성취되는 것이다. 인도교는 정치, 종교, 도덕, 법률 등을 공부하고 고증해 타국의 사람들에게까지 알리는 일통운화(一通運化)가 온 세상에 퍼지게 하는 것이다. 인천교는 옛날 밝히지 못했던 것을 지금에 와서 정확히 알게 되고 만사의 근원을 찾아내는 것이다.

상황에 따라 달리 교육하라

최한기는 가르치는 상황(한 사람, 여러 사람, 가까운 사람, 멀리 있는 사람, 보이지 않은 사람 등을 가르칠 때)에 따라 가르치는 방법을 달리해야 한다고 말했다. 맹인, 귀머거리, 벙어리 등과 같은 장애인도 자신들의 역할이 따로 있기 때문에 이들에 맞게 교육도 다양하게 이루어져야 한다는 것이다.

한 사람을 가르칠 때는 조용히 교화시키고, 여러 사람을 가르칠 때는 큰 줄거리만 대강 가르치고, 가까운 사람을 가르칠 때는 서로 질문하고 듣는 가운데 가르치고, 멀리 있는 사람을 가르칠 때는 책으로써 전달하는 식이다. 사람을 보고 가르칠 때는 그의 기질에 따라 나아가게 하고 물러나게 하며, 사람을 보지 않고 가르칠 때는 운화를 들어 인도를 밝혀야 한다.

5. 사람을 선발하는 법

최한기는 인재를 선발하는 선거를 3등분했다. 하등선거는 일신운화(一身運化)가 잘된 것만을 보고 사람을 선거하는 것이며, 중등선거는 일신운화와 통민운화(通民運化)를 겸해 사람을 선거하는 것이다. 상등선거는 일신운화, 통민운화, 대기운화(大氣運化)를 두루 갖춘 사람을 선거하는 것을 말한다.

추천 제도를 활용하라

조선 후기 실학자들이 광범위하게 과거제 개혁론을 주장했지만, 최한기는 과거제 변통론을 주장했다. 조정이 문예로 인재를 선발하는 방식을 변통해야 한다면서, 과거제와 추천제(천거제와 벽소제)를 함께 시행하는 것이 바람직하다고 했다. 국가의 관직은 과거, 천거, 벽소(재야인사를 불러 벼슬을 주는 제도)로 인재를 선발해 등용해야지 어느 한쪽만을 고집해서는 안 된다는 것이다.

과거는 시험으로 인재를 뽑기 때문에 문예가 우수한 자를 선발할 수 있으나, 덕행(德行)을 시험으로 뽑을 수 없기 때문에 천거와 벽소를 통해 문예가 뛰어나면서 덕행을 가진 자를 뽑을 수 있다고 봤다. 그는 사람의 타고난 재주는 본래 귀천으로 결정되지 않는다고 전제하고, 지역에 인재를 천거하는 관을 두어 천인 중에서도 자질이 탁월하거나 지식, 행동, 마음씨가 특이한 인물을 뽑아 쓸 것을 제안했다.

인재를 천거하는 방식으로는 그 사람의 거주지, 나이, 부모를 모시는지의 여부, 형제, 산업, 교유(交遊) 등 여섯 항목뿐만 아니라 품기, 조행, 학식, 재능 등도 밝혀야 한다. 이들 열 개의 항목 외에도 인도의 행동을 보이는지, 다른 사람을 교화시키는지, 많은 사람들과 소통이 가능한지도 밝혀 추천해야 한다. 쓸데없는 항목이나 사소한 문장을 덧붙이지 말아야 한다.

면접에 주의를 더 기울여라

최한기는 인재 선발에서 필답고사보다는 면접시험에 더 주의를 기울여야 한다고 주장했다. 질문과 답변을 하는 사이에 면접을 받는 자의 언론(言論), 기색(氣色), 동작(動作), 용모(容貌), 지식(知識)의 내용이 모두 드러난다고 봤다. 면접방식에 있어서도 중국의 향거리선제(鄕擧里選制)****의 예를 들면서 응시자들을 한사람씩 불러 보고 응대하는 태도를 관찰해야 한다고 강조했다.

선발담당자의 자격을 엄격히 하라

식견과 도량이 작은 자는 큰 사람을 선거할 수 없다. 선거를 맡은 인재 선발담당자는 다스리는 역량과 사람을 천거하는 덕망(德望)이 높아야 한다. 그래야 사람을 어질고 준수한 인재를 선발해 기용할 수 있다. 그렇지 않으면 직책을 맡겨도 직책을 잘 수용하지 못하는 자를 선발해 오히려 폐가 된다.

지난 세대에 백성을 다스리던 이치를 참고로 현 세대의 백성을 다스려야 하므로 성품이 참되고 속임이 없는 자가 인재 선발을 맡아야 한다. 전형을 맡는 관리에 뽑는 기준이 있어야 청탁에도 흔들림이 없다. 사람을 관찰할 때에는 백성을 내 몸처럼 여기고 있는가를 봐야 한다.

그는 인재 선발담당자를 네 부류로 나누면서 천칙선거(天則選擧)가 현인들이 행하는 선거로 가장 바람직한 방법이라 했다. 천칙선거는 아주 오랜 세월동안 변함이 없는 선거의 원칙이다. 이들은 치민, 안민, 교인, 선인 할 수 있는 인재를 약간 명씩 기록했다가 때가 될 때 천거하는 자로, 확고한 신념으로 선거를 관장하며 선거의 본의에 밝은 자이다.

견루선거(牽累選擧)는 자신의 사욕을 위해 남의 사정을 들어주는 선거이다. 이들은 평소 인재에 대해 생각한 적이 없는 자로 문하생, 이전의 경력이 많은 아전, 가난하고 미천할 때 사귄 벗, 가난한 사람들을 선발할 생각만을 가진 자이다. 이들에게는 청탁자가 많아 강한 쪽을 들어주기 때문에 평생 자신이 생각하고 있던 자를 쓰지 못한다.

고집선거(固執選擧)는 편견이 강한 자다. 이들은 소견이 세상을 다스리는 방법에 이르지 못했으면서 옛날 현자의 유적을 본받고 싶은 생각만 앞서는 자이다. 백성의 입장에서 이해를 따지지 않고 한낱 전하는 말만 믿고 누가 적임자인지만 따져 융통성이 없이 자신의 소견대로 선택한다.

사욕선거(私慾選擧)는 공론도 모르고 사욕인지도 모른다. 이들은 인재선발 부서를 자신의 주점으로 보고 마음대로 인물을 전형해 바 정하는 것을 자신의 일로 삼는 자이다. 가까운 친척에서부터 시작하면 데까지 돌보고, 뇌물과 밀접해 있다.

그는 인재 선발담당자가 갖추어야 할 자격으로 큰 도시에서 성장하는 것, 식견과 도량에 통달하는 것, 경험이 다양하고 풍부한 것, 치안의 학문을 연구하는 것, 나이가 노성(老盛)하는 것을 언급했다. 이 중 하나가 부족하면 일분(一分)이 모자라는 것으로 봤는데, 사분(四分)이 모자라면 그와 선거를 논할 수 없다고 했다.

사람이 아니라 일을 위해 인재를 뽑아라

최한기는 한 국가의 정치적 성쇠는 현명한 인물을 쓰느냐 용렬한 인물을 쓰느냐에 달렸다 했다. 인물의 차별성으로 용모, 심성, 행사, 소업, 학문 등을 지적하면서, 이러한 다양성을 고려해 적절한 인재를 선발하는 것이 중요하다고 봤다. 선거는 인재의 타고난 성품과 행실, 일을 처리하는 능력과 학식을 두루 갖추고 있는가를 살펴 그를 적당한 직무에 천거해 임명하도록 하는 데 본뜻이 있다.

이를 위해서는 인재를 선발하는데 한계를 두어서는 안 된다는 것이다. 인재를 선발할 때 지방의 호구에 따라 숫자를 한정해서도 안 되며, 문벌의 귀천이나 재산의 빈부에 구애받아서도 안 된다고 했다. 국내외를 막론하고 인재선발의 대상으로 삼아야 한다고 강조했다.

그는 일을 위해 인재를 뽑는 것이지 사람을 위해 일을 고르는 것이 아니라고 했다. 사람과 직책이 서로 적당해야 하며, 사람 위주가 아니라 직무 위주로 인재를 선발해야 한다는 것이다.

6. 사람을 쓰는 법

사람을 쓴다는 것(用人)은 그 사람의 기품과 지식을 직무의 크기에 참작해 쓰는 것이다. 용인에는 자신을 위한 용인, 집안을 위한 용인, 나라를 위한 용인, 천하를 위한 용인이 있다. 국가의 안녕과 질서를 기준으로 사람을 쓴다면 비방하려 한들 비방할 수 없을 것이다.

상등인을 찾아라

최한기는 쓰는 자와 쓰이는 자를 상등인, 중등인, 하등인로 나누어 그 관계를 정리했다.

- 하등인이 하등인을 쓰면 말과 행동이 모두 하등하다.
- 하등인이 중등인을 쓰면 자기 몸을 보전할 계책만 세운다.
- 하등인이 상등인을 쓰면 겸손히 사양하고 물러남에 따라 성취하는 일이 거의 없다.
- 중등인이 하등인을 쓰면 예로부터 내려온 습관에 의존해 폐습을 기르게 된다.

- 중등인이 중등인을 쓰면 옛 법도를 지켜 도움도 손해도 없다.
- 중등인이 상등인을 쓰면 잘못되는 일은 없으나 품은 뜻을 이룰 수는 없다.
- 상등인이 하등인을 쓰면 각각 그 그릇에 따라 임무를 맡겨 수행하게 한다.
- 상등인이 중등인을 쓰면 적절히 지도하고 통솔해 부족한 것을 이루게 한다.
- 상등인이 상등인을 쓰면 함께 대자연의 법칙에 따라 가르치고 이끌어 아름답게 된다.

그런데 상등인은 매우 드물고 중등인은 30~40%, 하등인이 60~70%여서, 쓰는 사람이나 쓰이는 사람은 대부분 중등인이나 하등인이고, 상등인이 상등인을 쓰는 경우는 거의 없다고 했다. 오히려 이들에 의해 상등인들이 가려지게 된다는 것이다. 쓰는 상등인과 쓰이는 상등인을 찾아낼 수 있어야 하지만 찾아내기 어렵다면 적어도 쓰는 상등인이라도 찾아야 한다.

큰 재능을 지닌 사람에게는 큰 임무를 주어라

사람의 지각과 관직의 사무는 때에 따라 변한다. 그렇기 때문에 활용하거나 응용하는 방법으로 때에 따라 마땅한 사람을 헤아려 그 직책에 어울리도록 쓸 수 있다. 물론 사람이 갖고 있는 재능과 그 사람에게 주어져야 할 임무는 맞게 활용해야 한다.

그는 큰 재능을 지닌 사람에게 작은 임무를 주는 것은 천리마에게 쥐를 잡게 하고, 도끼로 작은 털을 베게 하는 것과 같다고 했다. 반면 작은 재능을 가진 자에게 큰 임무를 맡기는 것은 삵에게 호랑이를 잡게 하고, 작은 칼로 나무를 베게 하는 것과 같다.

재능과 공과에 따라 보상을 달리하라

최한기는 인재의 재능에 따라 보상을 달리해야 한다고 말했다. 상등의 사람은 도의(道義)로, 중등의 사람은 상벌(賞罰)로, 하등의 사람은 돈으로 그를 부려야 한다. 특히 상벌에 대해 적절하게 실행해야 한다고 강조했다. 나라 일에 공로가 있으면 상을 주어야 하고, 전쟁에서 공을 세웠으면 바로 봉작(封爵)을 행해 주어야 하고, 치안에 공적이 있으면 바로 승진을 시켜야 하고, 교학으로 세상을 깨우쳤으면 스승이나 어른으로 삼아 예우해야 한다. 상을 베풀 때에는 서로 뒤섞여 시행하면 안 되고, 전후의 차례를 잃어서도 안 된다.

또 승진에 대해서도 엄격하게 기준을 마련하고 시행해야 한다. 아랫자리에서 높은 자리로 승진하는 것은 오직 그 사람이 성과를 얼마나 쌓았는지에 달려있으며, 승진을 단행한 자는 단지 그 사람의 공과에 따라 신뢰할 수 있게 하면 된다. 승진은 순서에 구애됨이 없이 국가의 안녕과 질서를 따라야 한다. 승진시키는데 있어서 등급의 차이가 나더라도 인재가 될 만한 인품을 헤아려 승진시켜야 한다고 했다.

자격에 맞게 임금을 주라

의식과 돈은 사람에게 필요한 것이기 때문에 사람을 쓰려면 임금을 줘야 한다. 모든 관리들에게 주는 녹봉(祿俸)은 농사의 수확을 대신한 것이다. 이는 오로지 직무상 맡은 임무를 청렴하게 수행하도록 하기 위함이다.

만약 이것이 넉넉하지 못하여 의식의 걱정이 있게 되면, 사람들로 하여금 기꺼이 쓰이게 할 수 있다. 그 사람의 자격에 비해 임금이 적거나 임금에 비해 그 사람의 자격이 모자라면 이는 모두 사람을 쓰는 용인(用人)의 도리를 잃은 것이라 했다.

더 읽으면 좋은 책

- 김용옥, 《혜강 최한기와 유교(기학과 인정을 다시 말한다)》, 통나무, 2004.
- 김용헌 편저, 《혜강 최한기》, 예문서원, 2005.
- 권오영, 《최한기의 학문과 사상연구》, 집문당, 1999.
- 권오영 외 4인, 《혜강 최한기》, 청계출판사, 2000.
- 박성수, 《실학자 최한기의 '인정'에 관한 소고》, 서울대학교 노사관계연구소, 1999.
- 이현구, 《최한기의 기철학과 서양과학》, 성균관대학교 대동문화연구원, 2006.
- 이종란, 《최한기가 들려주는 기학이야기》, (주)자음과 모음, 2006.
- 임부연, 《정약용 & 최한기 실학에 길을 묻다》, 김영사, 2007.

미주

* 교접운화는 사람 사이의 관계에서 발생하는 운화로, 두 사람이 서로 어우러져 하나의 운화를 이룬다고 했다. 교접운화를 통해 윤리적인 가치판단을 규정했기 때문에 '교접운화로 말미암아 선악(善惡)과 허실(虛實)의 이름이 발생한다'고 했다. 사람의 윤리적 가치나 실천적 역량은 자기 외부와 맺는 관계 속에서 파생하는 것이다. 이런 관점을 통해 최한기는 외부 세계와 무한히 소통하고 확장되는 실천적인 주체를 구상했다.

** 최한기는 1830년부터 인사에 깊은 관심을 갖고 〈감평〉을 저술했다. 이와 같은 선상에서 1851년부터 《인정》의 편찬을 구상해 주제를 정하고 자료 분류작업을 수행했다. 《인정》의 편집에서 〈감평〉을 〈측인문〉에 편입시켰다. 이는 〈인정〉의 실용성을 더 높이고자 한 것에서 기인한다. 감평은 측인의 실용적 목적이 인품을 감별해 선택하는데 있다는 실무적 요구에 따라 인물평가의 기술적 방법 체계를 만든 것으로, 결과적으로 〈감평〉을 확대한 것이 〈인정〉이다.

*** 기품과 심덕은 내기의 성격을 가지는 것이며, 체용은 내기의 성격이 구체적으로 들어 난 사람의 형상이다. 기품과 심덕의 상합으로 체용을 이룬 사람은 문견을 할 수 있는 구체적인 감각을 가지게 된다. 외기를 통한 경험인 것이다. 처지는 바로 이렇게 구성된 사람이 경험하는 장소와 그 상황으로 그 사람이 서 있는 땅이 된다. 신체가 발 딛고 있는 상황, 즉 가난한지 그렇지 아니한지의 경제적 상황을 묘사한다. 이렇게 볼 때 5구는 바로 사회 환경적 배경을 둔 인간 생성론을 토대로 구성되어 있다.

**** 중국 한나라시대의 관리 선발제도로 군의 태수가 여론을 참작, 덕망 있는 인재를 중앙에 추천해 관료를 선발하는 제도다.

미니박스 ⑤

'인재가 핵심' LG화학의 경영철학

"비즈니스의 핵심은 일이 아닌 사람이다." 글로벌 경제위기를 지나며 이 명제는 다시 한 번 사실로 확인됐다. 위기를 극복한 기업은 인재를 중시하는 기업문화를 가지고 있었고, 우수 인력 육성을 위해 차별화 된 프로그램을 시행하고 있었다. 기업은 열정과 자신감으로 똘똘 뭉친 인재들로 넘쳐나야 하고, 이런 인재들을 탁월한 프로그램을 통해 길러야 높은 경쟁력을 가질 수 있기 때문이다.

LG화학 역시 '기업 경쟁력의 원천은 사람'이라는 철학을 통해 인재를 양성 중이다. 특히 글로벌 차원의 인사관리체계 운영, 글로벌 해외 인재풀 육성, 국내외 사업장 간 교환근무 확대 등을 통해 해외 현지 인력의 LG화, 즉 창의적이고 실행력 강한 글로벌 조직문화 구축에 박차를 가하고 있다.

또 확보한 인재를 사업전략 실행에 꼭 필요한 리더로 육성하기 위해 핵심 포지션 후계자를 선발 육성하는 '승계계획(Succession Plan)', 미래 비즈니스 리더를 조기 육성하는 HPI(High Potential Individual)'와 '차세대 글로벌 사업리더 프로그램'도 운영 중이다.

특히 해외 우수 인력 확보를 위해 지난 2005년부터 미국 채용행사를 진행하고 있다. 2010년부터는 미국 뿐 아니라 기술의 본고장 일본에서도 우수 인재 확보에 박차를 가하고 있다. 이렇게 해외에서 입사한 우수 인력만 300여 명에 달한다.

인재의 중요성을 깨닫고, 인재를 찾기 위해 노력하며, 인재를 리더로 키우기 위해 노력하는 모습, 지식과 교육을 중시하는 유교의 인간경영이 바로 LG화학의 인재경영에 투영되어 있다.

살아 있는 경영의 신,
이나모리 카즈오의 경영철학

임외석(가천대학교 교수)

1. 유학과 경영철학

경영철학(經營哲學)이란?

'경영철학'의 개념은 철학의 개념만큼이나 다양해 일률적이고 공통적으로 정의하기란 쉽지 않다. 뿐만 아니라 경영철학과 같거나 유사한 뜻으로, '경영이념'이나 '경영사상' 또는 '기업철학'이나 '기업이념' 등과 같은 다양한 용어들을 사용하고 있기 때문에 더더욱 한마디로 요약하기가 어렵다. 일본 경영철학학회 회장이었던 오오히라 코우지(大平浩二) 교수는 경영철학에 대해서 다음과 같이 설명하고 있다.

"경영철학이란 창업자나 경영자가 경영을 할 때 출발점이 되는 개인적인 철학이나 사상으로, 개인의 인생관이나 세계관 또는 우주관이

> 며, 경영철학 이전에 철학이 존재한다. 이때 철학이란 자신이 서 있
> 는 위치를 생각하는 것이자 축적된 경험을 통해 형성되는 사고(思考)
> 의 습관이다."
>
> — 쿄토대학 경영관리대학원

이러한 오오히라 교수의 개념에는, 경영철학이 개인의 인생관이나 가치관과 같은 인생의 철학 또는 사상을 바탕으로 형성된다는 것을 암시하고 있으면서, 동시에 철학과 사상에 대해 엄격하게 구분하고 있지는 않다.

그러나 히오키 코우이치로(日置弘一郎) 교수는 철학과 사상을 구분하고 있다. 그는 "철학이란 학문이지만, 사상이라는 것은 학문이 아닙니다. 철학, 즉 'Philosophy'란 원래 지(知)를 좋아하는 것이기 때문에 사고하는 방법을 연구하는 학문이 되는 것"이라 설명한다.

그러면서 "이러한 전제에 따르면 경영철학이란 경영의 현장에서 사고하는 방법을 연구하는 학문이 되므로, 경영철학과 경영사상은 다르며 아울러 경영사상은 경영철학의 뒷받침 없이는 효과적인 결정을 이끌어내지 못할 가능성이 있다"고 강조하고 있다.

한편 경영철학과 유사한 개념으로서 사용되고 있는 '경영이념'에 대해서 몇몇 일본 학자들의 정의를 소개하면 다음과 같다.

우메사와 타다시(梅沢正)
경영이념이란 경영활동에 관련해 기업이 안고 있는 가치관이며, 기업이 경영활동을 추진해나가는데 필요한 지도적 원리이자 지침이다.

오쿠무라 토쿠이치(奧村悳一)
경영이념이란 기업 경영에 대해서 경영자 내지는 회사 또는 경제단체가 공표한 신념이다.

키타이 아키라와 마츠다 료코(北居明·松田良子)
경영이념이란 공표된 개인의 신조, 신념 그 자체 혹은 그것이 조직에 뿌리를 내려 조직의 기반이 되는 가치관으로서 명문화된 것이다.

경영이념에 대한 앞의 3가지 정의는 '기업 경영에 필요한 가치관이나 신념 또는 지도 원리로서 공표되고 명문화된 것'으로 요약할 수 있다. 따라서 경영이념이란 경영활동을 위한 '가치관'이라는 관점에서는 동일한 의미를 갖지만, 명문화된 지침이나 지도원리라는 관점에서는 경영철학과 다소 다른 의미를 갖게 된다.

그러나 경영철학과 경영이념 또는 경영사상이나 그 밖의 유사용어들 간의 개념적 차이는 학자들에 따라 다양하기 때문에 엄격하면서도 통일된 구분은 불가능하다. 따라서 여기서는 경영철학의 개념 정의에 큰 의미를 두지 않고 큰 틀에서 경영철학과 유사한 용어들을 경영철학이라는 용어로 통일하기로 한다.

유교를 바탕으로 한 경영철학

유교는 개개인의 심신을 수양하는 단계에서 출발해 천하를 통치하는 단계에 이르기까지 광범위한 영역에 걸쳐 우리들이 생각하고 행동하는데 필요한 지침으로서, 수많은 원리원칙과 구체적인 방법들을 제시하고 있는 형이상학적 사상이면서 동시에 형이하학적 실천방법이기도 하다.

이러한 유교의 가르침을 국가경영자나 기업 경영자들을 위해 가장 함축적으로 잘 표현하고 있는 대표적인 구절 중의 하나는 《대학》에 나오는 '수신제가 치국평천하(修身齊家 治國平天下)'일 것이다. 즉 '먼저 자기 자신을 수양한 뒤 집안의 질서를 세우고(修身齊家), 집안의 질서를 세운 뒤에 나라를 다스릴 것이며(齊家治國), 나라를 잘 다스린 다음 천하를 평정하라(治國平天下)'는 것이다. 공자는 이처럼 수신제가하고 치국평천하하면서 천도(天道)를 지상에서 행하는 것을 이상으로 삼았던 것이다. 그러기 위해서 공자는 우리 개개인이 스스로 자신을 억제하고 인(仁)과 덕(德)을 쌓으며 그것을 실천에 옮겨야 한다고 《논어》에서 가르치고 있는 것이다.

수신제가 치국평천하는 오늘날과 같은 글로벌시대에 전 세계 시장을 대상으로 경영활동을 전개하고 있는 소위 글로벌 기업들의 경영자들이 숙지해야 할 최상의 경영원리로서 의미가 크다. 경영자 개개인의 '수신'에서부터 시작해 전 세계시장을 평정하는 '평천하'까지,

경영자 개인의 성장 프로세스는 물론 기업의 성장 프로세스를 함축적으로 잘 담고 있기 때문이다.

오래 전부터 유교의 영향권에 있었던 동북아시아 국가, 특히 중국을 중심으로 한국과 일본의 기업가나 경영자들은 이러한 유교의 가르침을 자연스럽게 받아들이면서 인생철학이 형성되고, 그 인생철학은 다시 기업을 경영하는데 필요한 경영철학으로 발전하게 된 것이다.

대표적인 사례로 쿄세라(Kyocera)의 창업자이면서 일본의 '살아 있는 경영의 신'이라 불리는 이나모리 카즈오(稻盛和夫)의 인생철학과 경영철학을 소개하고자 한다.

2. 이나모리 카즈오의 인생철학

살아 있는 경영의 신

이나모리 카즈오(Kazuo Inamori)는 1932년 1월 21일 카고시마(鹿兒島)시내 죠세이(城西)라는 곳에서 인쇄소를 운영하던 부친 케사이치와 모친 키미의 4남 3녀 중 차남으로 태어났다. 생활이 넉넉하지 못한 가정환경이었지만 화목한 가정에서 유년시절을 보냈다. 중학교와 대학 입학시험에서 1번씩 낙방하는 아픈 경험을 가지고 있지만 1951년 카고시마(鹿兒島)대학 공학부 응용화학과에 입학해 1955

년 졸업했다.

　대학졸업 후 바로 쿄토(京都) 소재의 유리 제조업체인 쇼후(松風)공업에 입사해 특수자기(New Ceramics) 연구에 참가한다. 그러나 입사 후 3년이 지난 1958년에 상사와 기술개발방침에 대한 의견대립으로 퇴사를 하게 된다. 퇴사한 그 다음날 미루어왔던 결혼식을 올렸는데, 신부는 우장춘(于長春) 박사의 4녀인 스나가 아사코(須永朝子)였다.

　퇴사 1년 뒤인 1959년에 쇼후공업에서 함께 근무했던 선후배 동료 7인과 함께 쿄토에 '京都세라믹스(이후 쿄세라로 상호변경)'라는 회사를 창립했다. 창립과 동시에 21명의 직원을 채용해 총 사원수 28명의 조그마한 규모로 사업을 시작했다. 이나모리 회장은 1959년 종업원 28명으로 시작한 쿄세라를 약 50여 년에 불과한 2012년 3월 현재, 종업원 7만 1,480여 명, 계열회사 234사, 매출액 1조 1,909억 엔이라는 세계적 대기업으로 성장시켰다.

　1984년에는 현 KDDI의 전신인 다이니덴덴(第二電電)을 설립해 M&A 등을 통하여 일본 제일의 통신회사인 NTT의 최대 라이벌 기업으로까지 급성장시켰다. 그뿐 아니라 일본의 대표적인 복사기 제조업체인 '미타(三田)공업'의 구조조정 책임자를 맡아 회사를 도산 위기로부터 성공적으로 회생시키기도 했다.

　수년 전에는 일본 수상이었던 하토야마 유키오(鳩山由紀夫)의 요청으로 파산직전의 경영 위기에 빠진 JAL(日本航空)의 대표이사 회장에 취임해 재건을 주도했다. 하토야마 정권이 일본 서비스산업의 상징으로 인식하고 있는 JAL의 재건에 이나모리 회장을 선택한 것은, 앞에서 설명한 것처럼 성공적인 창업과 사업 재건의 경험을 통해서 형성된 그의 탁월한 경영 능력을 높이 평가했기 때문이다. 이와 같이 이나모리에 대한 일본사회의 믿음은, 일본에서 생전에 '경영의 신'이라 불렸던 마츠시타 코오노스케(松下幸之助) 만큼이나 그의 업적과 경험을 높이 평가하여 '살아 있는 경영의 신'이라 불리는 데에서도 잘 나타나고 있다.

본심으로 돌아가라

이나모리의 철학 혹은 인생철학을 가장 잘 나타내고 있는 대표적인 저술로는 2001년에 첫 출간한《이나모리 카즈오의 철학 – 사람은 무엇을 위해 사는가》와 2004년에 출간한《사는 법 – 인간으로서 가장 중요한 것》일 것이다. 전자는 부제에서도 나타나듯이 '인간은 무엇을 위해 사는가' 라는 철학적인 화두를 던진 뒤, 인간이 살아가면서 의문을 가지거나 부딪치고 풀어야 할 여러 가지 문제들을 제시하고 그에 대한 해답을 자신이 직접 체험하고 고민한 것들을 바탕으로 정리하고 있다.

즉, '인간의 존재와 삶의 가치에 대해서'부터 시작해 '우주', '의식', '창조주', '욕망', '의식체(意識体)와 혼', '과학', '인간의 본성', '자유', '젊은이의 범죄', '인생의 목적', '운명과 인과응보의 법칙', '인생의 시련', '고뇌와 미움', '역경', '정(情)과 이(理)', '근면함', '종교와 죽음', '공생과 경쟁', '만족할 줄 아는 것', '내가 걸어온 길에 대해서'까지 21가지 주제를 통해서 해답을 제시한다. 이러한 화두를 던지게 된

배경에 대해서 그는 다음과 같이 설명하고 있다.

> "물질적으로는 풍족한 생활을 할 수 있게 되었음에도 불구하고 많은 사람들이 만족하지 않고 불안해 하면서 살아가고 있는데, 그 이유는 사람들이 자신의 삶의 방식이나 가치관에 대해서 깊이 생각하지 않고, 만족하는 것도 다른 사람을 배려하는 것도 잊어버리고 오직 이기적으로 살아가고 있기 때문이 아닌가?
> 지금 우리들에게 필요한 것은 '인간은 무엇을 위해 사는 것일까?'라는 근본적인 물음에 정면으로 맞서서 인간으로서 가장 기본적인 철학, 인생관을 확립하는 것이다."
>
> - 《이나모리 카즈오의 철학》 중

이 책에서 핵심이 되는 것은 저자가 가장 앞에 배치한 '인간의 존재와 삶의 가치'이며, 이와 관련된 주제로 '인간의 본성에 대해서', '인생의 목적에 대해서'를 들 수 있겠다.

첫 번째 주제에 대해서는 '인간은 가치 있는 존재일까', '이 세상에 생명을 받아서 살아가는 의미란 어디에 있는가'라는 질문으로 시작해 이러한 핵심적 질문을 받았을 때 자신은 다음과 같이 대답한다고 설명하고 있다.

"우주와 지구상에 존재하는 모든 것은 존재할 필요성이 있어서 존재한다. 그리고 인간의 탄생이 우연에 의한 것인지 필연에 의한 것인지 논란의 여지는 있으나, 필연 쪽에 위치를 부여함으로써 인간으로서의 가치를 높여가고 싶다. 필연적인 존재로서 인식한다면, 인간으로서 살아가는 의미, 의욕, 사명과 같은 것이 생겨나기 때문에 그러한 가치관을 가지는 것이 중요하다."

- 《이나모리 카즈오의 철학》 중

여기서 이나모리의 인생철학은 인본주의적 가치관에 근거를 두고 있다는 것을 알 수 있다. 인본주의(人本主義)란 유교의 중심사상으로, 우주와 인생은 물론 모든 자연이 음양과 오행의 법칙에 의해서 이루어졌다고 믿으며 사람을 근본으로 하는 사상이다.

이에 반해 신본주의(神本主義)는 어떠한 대상을 설정해 그것이 사물이면 그 사물에 신이 존재한다고 생각하고 그 사물을 신격화해서 신앙생활을 하는, 즉 신을 근본으로 믿는 종교와 같은 것을 말한다. 또한 그는 인간의 본성이란 선(善)도 악(惡)도 아니라 오직 자신의 자유를 행사하는 방법에 따라 나누어질 뿐이며, 마음을 고양시키고자 한다면, 즉 욕망을 억제하고 모든 이에게 적극적으로 선한 행동을 한다면 인간은 선이 된다고 했다.

이어서 인간에게 요구되는 것은 가장 가치 있는 존재로서의 자긍심과 그에 따른 책임감이라고 강조하고 있다. 여기에서는 유교에서 강조하는 인본주의와 심본주의(心本主義)의 가치관을 읽을 수가 있다.

심본주의란 '일체유심조(一切唯心造)'와 같이 세상만사는 오직 사람의 마음가짐에 따라 만들어진다는, 인본주의 중에서 인간의 정신적 또는 심리적 현상에 초점을 맞춘 사상이라 할 수 있다. 마음을 근본으로 삼는 불교사상이나 정신적 또는 도덕적 자기 수양을 강조하는 유교사상이 여기에 속한다.

이나모리는 인생의 목적에 대해 인간성을 깨끗하게 하는 것, 즉 혼을 깨끗하게 하는 것이 중요한 것이며, 혼을 깨끗하게 닦는 것, 즉 인간성을 높여 훌륭한 인격을 갖추는 것이야말로 인생의 진정한 목적이며 이것을 빼고는 현세를 살아갈 의미가 없다고 강조하고 있다.

2010년 5월 현재 전 세계에서 100만부 넘게 팔린 《사는 법》은 '생각을 실현시키다'에서부터 '원리원칙으로부터 생각하다', '마음을 닦아 고양시키다', '이타심으로 살다', '우주의 흐름과 조화롭게 하다'까지 5개 주제로 쓰여 있다. 이 가운데 '인간의 본래 마음'과 '인생철학의 원점'에 대한 기술을 살펴보면 다음과 같다.

> "몇 번이나 말하였지만, 태어났을 때보다 조금이라도 선한 마음, 아름다운 마음을 가지고 죽음을 맞이할 것. 생과 사의 틈새에서 선하게 생각하고 선하게 행하도록 노력하며, 소홀히 하지 않고 인격을 도야하도록 노력해 생(生)의 기점보다 종점에서 혼의 품격을 조금이라도 높일 것.

이것 이외에 자연이나 우주가 우리들에게 생(生)을 부여한 목적은 없다. 따라서 이러한 큰 목적 앞에서는 이 세상에서 축적한 재산, 명예, 지위 등은 아무런 의미도 없다. 아무리 출세를 하든, 사업에 성공을 하든, 일생동안 쓰고도 남을 부를 축적하든, 마음을 높이는 것의 귀중함에 비하면 모두가 티끌만큼이나 사사로운 것에 불과하다."

이 문장에서는 선한 마음과 아름다운 마음을 바탕으로 한 그의 심본주의 가치관을 읽어낼 수가 있다. 인생철학의 원점에 대해서도 그는 다음과 같이 강조한다. 여기에는 결국 '모든 사상(事象)은 마음으로부터 일어난다'는 불교의 일체유심조(一切唯心造) 사상을 바탕으로 한 심본주의 가치관이 확연히 나타나고 있다.

"마음먹는 법을 바꾼 순간부터 인생에 전기가 찾아와, 그때까지의 악순환이 끊어지고 선순환이 생겨나기 시작했던 것이다. 이러한 경험으로부터 나는 인간의 운명은 결코 설치되어 있는 레일 위를 굴러가는 것처럼 결정되는 것이 아니라, 자신의 의지에 따라 선과 악이 만들어지는 것이라 확신하게 되었다. 즉 자신에게 일어나는 모든 것은 자신의 마음이 만들어 낸다는 근본 원리가 여러 가지 차질과 곡절을 거쳐서 겨우 인생을 가로지르는 진리로서 득심(得心)할 수 있게 되어 마음 속 깊이 가라앉게 된 것이다."

앞에서 본 2권의 저술을 통해 알 수 있듯, 이나모리는 사람들이 자신의 본래 마음(本心)으로 귀착하기를 강조한다. 즉 선한 마음과 아름다운 마음을 갖는 것이다. 그는 이것이 혼의 품격을 높이는 것이며, 자연이나 우주가 우리에게 준 인생의 목적이기 때문에, 끊임없이 선한 마음과 아름다운 마음을 가지도록 노력해 인간의 본래 마음으로 돌아가도록 요구하고 있다. 이는 곧 선한 마음과 아름다운 마음을 근간으로 하는 심본주의 사상을 나타낸 것이다.

또 하나의 대표적 저술로 볼 수 있는 것은 2009년에 출간한 《일하는 법》이다. 이 책은 출간 1년 만에 14만 부나 판매됐는데, 이나모리의 직업관을 잘 정리해 기술하고 있다. 여기에서는 '왜 일을 하는가'와 '어떻게 일할 것인가'라는 두 가지 물음을 던진 뒤 자신의 생각을 정리해 다음과 같이 답하고 있다.

"사람들이 일을 하는 목적은 '진정으로 가치 있는 인생'을 보내기 위해서이며, 일하는 것이 만병에 효험 있는 약과 같은 것이다. 궁극적으로는 자신의 마음을 고양하기 위해서 일을 하는 것이다. 즉 매일매일 열심히 일을 하는 데에는 우리들의 마음을 단련시키고 인간성을 높여주는 훌륭한 작용이 있으며, 잘 살기 위해서는 잘 일하는 것이 가장 중요하다. 그것은 마음을 고양시키고 인격을 다듬어 주는 '수행'이라 해도 과언이 아니다."

그는 또한 '어떻게 일할 것인가'에 대해서는 마음가짐을 바꾸고 일을 사랑하는 마음을 가지라고 강조하고 있다. 자신이 개발한 제품을 가슴에 안고 자고 싶을 정도로, 그리고 제품의 울음소리를 들을 수 있을 정도로 일을 사랑하라고 조언하고 있다. 이러한 일련의 기술을 통해 가치 있는 자신의 인생과 마음을 수양하기 위해 일을 사랑하라는, 말하자면 애업주의(愛業主義)라 정의할 수 있는 이나모리의 가치관을 엿볼 수가 있다.

이나모리 카즈오의 인생철학

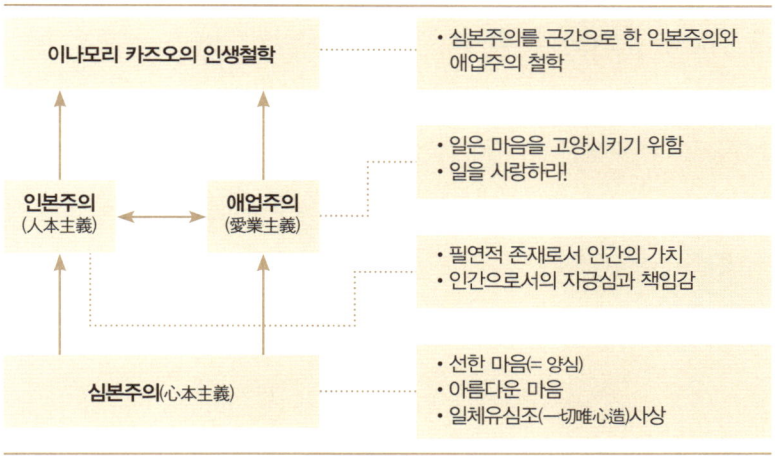

 이상의 기술을 통해서 이나모리의 인생철학을 종합적으로 요약한다면 위의 그림과 같이 정신을 수양하고 마음을 다스리는 유교사상을 바탕으로 한 심본주의와 이를 근간으로 한 인본주의와 애업주의라고 정리할 수 있다.

3. 이나모리 카즈오의 심본주의 경영

앞에서 살펴보았던 이나모리의 인생철학은 쿄세라의 존속 이유이자 성장 발전의 방향을 제시하는 경영철학에 고스란히 담겨져 나타난다. 먼저 쿄세라의 경영철학에 해당되는 '쿄세라의 피로소피'를 살펴보면 다음과 같이 설명하고 있다.

> "쿄세라 그룹 경영의 원점은 창업자인 이나모리 카즈오의 실체험이나 경험법칙을 바탕으로 한 기업철학이며, 인생철학이라 할 수 있는 '쿄세라 피로소피'입니다. 이 쿄세라 피로소피는 '인간으로서 무엇이 올바른가'를 판단기준으로, 사람으로서 당연히 가지고 있어야 할 원초적인 윤리관, 도덕관, 사회적 규범에 따라 누구에게도 부끄러움이 없는 공명정대한 경영과 업무를 운영하는 중요성에 대해 설명한 것입니다."
> – 쿄세라 웹사이트

이는 이나모리의 인생철학이 곧 쿄세라의 철학이며, 따라서 쿄세라의 철학은 공명정대한 경영과 업무수행에 있다는 것이다. 또한 쿄세라의 경영이념에 대한 기술을 보면, "전 종업원을 위한 물심양면의 행복을 추구하면서, 동시에 인류와 사회의 진보발전에 공헌하는 것"이라고 명시하고 있다. 쿄세라의 철학이 쿄세라를 경영하는 데 필요한 기본원리라면, 경영이념은 쿄세라가 추구하고자 하는 목적이자 목표인 셈이다.

우선 쿄세라 전 사원들에게 행복한 인생을 보낼 수 있도록 물심양면으로 지원한 뒤, 이를 바탕으로 전 세계 인류와 사회를 위해 공헌하겠다는 것이다. 즉 제가(齊家)를 통해서 평천하(平天下)를 실현하겠다는 것이다.

이러한 경영이념은 이나모리가 쿄세라를 창업한지 3년밖에 되지 않은 1961년 4월, 입사 1년차 고졸사원 11명과 일종의 단체교섭을 힘들게 마무리한 뒤 오랜 고민 끝에 작성했다고 그의 자서전에 기술돼 있다. 핵심이 되는 문장을 중심으로 일부 소개하면 다음과 같다.

"교섭을 마친 후, 피곤하기도 하여 나는 답답한 기분에 빠져 있었다. 이렇게 보잘것없는 회사에서도 젊은 사원은 (자신의) 일생을 맡기려고 한다. (중략) 수 주간의 고민 끝에 불현듯 이런 생각이 들었다. '만일 자신이 기술자로서의 낭만만을 추구하기 위해 (기업을) 경영한다면, 가령 성공을 거두더라도 종업원들의 희생으로 꽃을 피우게 되는 것과 같다.

그러나 회사에는 보다 더 중요한 목적이 반드시 있을 것이다. 회사경영의 가장 기본적인 목적은 앞으로 종업원이나 그 가족의 생활을 지키고 모든 이의 행복을 향해 나아가지 않으면 안 된다' 이렇게 결단을 내리고 나니 뭔가 가슴이 시원해지는 느낌이 들었다. 이와 같은 체험으로부터 나는 다음과 같은 경영이념을 제시하기로 했다. '전 종업원의 행복을 추구한다'였다.

(이렇게 하여) 쿄토세라믹은 나의 이상실현을 목표로 했던 회사에서부터 전 종업원의 행복을 추구하는 회사로 거듭난 것이다. 그러나 아직 뭔가 부족한 기분이 들었다. 자신의 인생이 종업원의 생계를 책임지는 것만으로 종지부를 찍어도 좋은 것인가? 자신의 일생을 걸어서, 사회의 일원으로서 완수해야 하는 숭고한 사명이 반드시 있을 것이다. 그래서 생애를 걸어 추구해야 하는 이념으로서, 뒤에 '인류, 사회의 진보발전에 공헌할 것'이라고 덧붙였다."

이나모리의 경영철학을 잘 나타내고 있는 또 하나의 상징적 표현은 쿄세라의 사시(社是)라 할 수 있다. 쿄세라의 사시에는 '경천애인(敬天愛人)'이라는 이나모리의 친필과 함께 "항상 공명정대하고 겸허한 마음으로 주어진 일에 임하여 하늘을 공경하고 사람을 사랑하며, 일을 사랑하고 회사를 사랑하며, 국가를 사랑하는 마음"이라고 기술하고 있다. 이를 그림으로 나타내면 다음 그림과 같다.

쿄세라의 사시(社是) 구성도

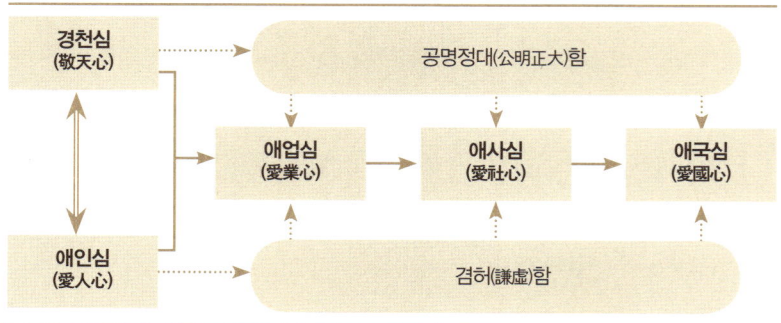

항상 공명정대하고 겸허한 마음을 바탕으로, 위로는 하늘을 공경하고 아래로는 사람을 사랑하는 마음을 가지면서, 먼저 자신의 일을 사랑할 것이며, 그 다음 사랑하는 일을 할 수 있게 해준 회사를 사랑하게 될 것이다. 그리고 회사를 사랑하는 마음이 생기면 자신의 회사가 안전하고 온전하게 지속 가능한 경영활동을 할 수 있는 기반을 제공하는 지역 사회와 국가를 사랑하게 된다는 원리를 제시하고 있는 것이다.

　이나모리가 이를 사시로 설정한 것은 자신과 같은 고향 출신으로 일본의 메이지 유신 3걸 중 한 사람인 사이고 타카모리(西郷隆盛)의 경천애인 사상을 존경하였기 때문이라고 한다. 물론 이 용어는 원래 청나라의 강희제가 1671년(강희 10년)에 편액을 써서 기독교 교회에 하사한 것을 기원으로 하고 있다.

　앞에서 설명한 사시, 경영이념과 함께 쿄세라 웹사이트에는 '마음을 기반으로 경영하다'는 주제로 "쿄세라는 자금과 신용과 실적도 없는 작은 동네공장에서 출발했습니다. 의지할 것은 볼품없는 기술과 서로 믿을 수 있는 동료들뿐이었습니다. 사람의 마음은 다른 곳으로 옮겨가지 쉬우며 변하기도 쉬운 것이라고 합니다만, 동시에 이것만큼 강고한 것은 없습니다. 이러한 강한 마음들의 상호연결을 바탕으로 한 경영, 여기에 쿄세라의 원점이 있습니다"라고 기술하고 있다. 쿄세라의 경영철학이 심본주의라는 것이 명확하게 나타나는 대목이다.

　정리하자면 이나모리 카즈오의 경영철학은 공명정대하고 겸허한 마음을 근간으로 한 상호간의 믿음을 통한 경영이며, 간략하게는 구성원들의 마음을 바탕으로 한 '심본주의 경영'인 것이다. 이상의 내용을 도표로 정리하면 아래의 그림과 같다.

이나모리 카즈오의 경영철학 체계도

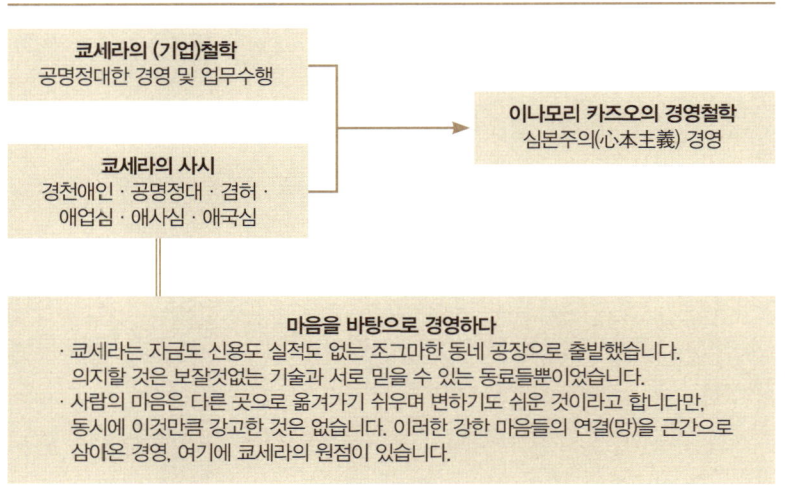

여기서 이나모리의 경영철학이자 쿄세라의 기업철학인 심본주의는 마음을 근본으로 삼는 사상 또는 가치관이다. 마음이란 인간 본래의 순수한 마음, 즉 선한 마음과 아름다운 마음, 그리고 양심과 같은 것을 의미한다. 순수한 마음으로 상대를 대하면 자연스레 서로 신뢰하게 되며, 공명정대하게 일을 처리할 수 있다. 아울러 사욕과 사심을 버리면 구성원으로서의 사명감이 생기며, 여기서 회사를 위한 순수한 마음, 즉 애사심이 생겨나는 것이다.

더 읽으면 좋은 책

- 임외석, 〈쿄세라의 조직문화와 이나모리 카즈오의 리더십에 관한 탐색적 연구〉, 전문경영인연구 제13권 제2호, 2010.
- 임외석, 〈쿄세라 창업자 이나모리 카즈오의 경영철학과 리더십에 관한 연구〉, 경영사학 제25권 제3호, 2010.
- 이나모리 카즈오의 공식사이트(http://www.kyocera.co.jp/inamori/index.html).
- 쿄세라 웹사이트(http://www.kyocera.co.jp)
- 稲盛和夫,《敬天愛人-私の経営を支えたもの》, PHP研究所, 1997.
- 稲盛和夫,《稲盛和夫の哲学》, PHP研究所, 2001.
- 稲盛和夫,《稲盛和夫のガキの自叙伝》, 日経ビジネス文庫, 2004.
- 稲盛和夫,《働き方》, 三笠書房, 2009.

미니박스 ⑥

가족문화를 공략한 일본기업 카오(花王)

'불황기에는 청소용품이 잘 팔린다?' 일본의 대표적인 생활건강용품 제조업체 카오(Kao Corporation)는 이 명제를 가장 잘 이용하고 증명했다. 글로벌 경제위기의 먹구름이 몰려오던 시절, 카오는 일본 내 마트 약 2만 5,000개 매장에서 대청소 캠페인을 전개했다. 슬로건은 '이번 겨울, 가족 모두 청소합시다였다.' 다소 엉뚱해 보이는 캠페인이었지만, 그 이면에는 면밀한 계산이 깔려 있었다. 카오는 일본 가정이 불황기에 어떻게 변할 것인가를 생각했다.

경기가 악화되면 기업은 야근 수당과 급여를 줄인다. 그렇게 되면 귀가 시간이 빨라지고, 집에서 가족들과 함께 지내는 시간도 늘어난다. 카오는 대청소에 관한 여러 조사를 분석해 남편이 청소에 참가하면 청소하는 장소가 많아지는 경향이 있다는 것을 간파했다. 결과적으로 카오는 불황기에 청소용품 수요가 늘어날 것으로 판단했다.

카오는 마트 매장에 대청소 코너를 만들고 대청소 계획표와 대청소 가이드 팸플릿도 무료로 배포했다. 또 아이의 청소 참가를 늘리기 위해 초등학생용 청소 설명 소책자를 만들어 전국 500개 학교에 10만 부를 배포했다. 청소 관련 시장은 전체적으로 전년 대비 매출이 줄어들었지만 가족문화를 공략한 카오만은 흔들림이 없었다. 유교를 경영의 원리로 활용하는 것도 유교경영이지만, 유교적인 가족문화를 경영에 이용하는 것도 유교경영이다.

Part 03

유교와 경영의 대화

군자 리더십,
기업 경영에 적용 가능한가

이경묵(서울대학교 경영전문대학원 교수)

　우리나라 학계와 기업계에서 이루어지고 있는 리더십에 대한 연구나 교육은 대부분 서양에서 개발된 이론에 근거하고 있다. 그러나 필자는 우리와 문화가 다르고 인간관도 다른 곳에서 개발된 서구의 리더십 이론이 한국 상황에도 잘 적용될 것이라 믿지 않는다.
　리더가 부하들에게 영향력을 행사할 목적으로 하는 행동이 구성원들에게 정당한 것으로 인식되어야만 리더십이 효과적일 수 있다. 그러나 서양에서 정당한 것으로 인정되는 행동과 동양에서 정당한 것으로 인정되는 것이 다를 수 있다.
　우리나라에서 효과적인 리더십 행동이나 이상적인 지도자상은 어디에서 찾을 수 있을까? 우리나라 사람들끼리 영향력을 주고받는 과정에서는 우리의 사고방식과 문화라는 맥락이 중요한 역할을 한다. 그래서 서양에서 효과적인 영향력 행사 방법이 우리나라에서는 오히려 나쁜 결과를 가져올 수도 있다. 우리나라 사람들이 지도자에게 기대하는 행동, 지도자가 영향력을 행사하는 과정에서 할 수 있는 것으로 인정되는 정당한 행동이 무엇인지를 찾고, 이를 바탕으로 이상적인 지도자상을 찾아야 할 것이다.

그렇다면 우리의 문화는 어떻게 규정할 수 있을까. 우리의 문화는 토속신앙, 유교, 불교는 물론 기독교 등에 뿌리를 둔 가치와 신념들이 복합된 것으로 이해할 수 있다. 이들 문화적 요소 중에서도 필자는 두 가지 이유에서 유학(儒學)이 우리나라 사람들이 생각하는 이상적인 지도자상에 가장 큰 영향을 미쳤다고 본다.

첫째, 뛰어난 지도자가 되기 위해 무엇을 해야 하고 어떻게 행동해야 하는지에 대해, 다른 종교나 철학에 비해 유학이 가장 큰 관심을 기울여 왔기 때문이다. 둘째, 조선시대 이후 국가 지도자를 양성하고 선발하는 과정에서 유학이 많이 활용되었다. 또 국가 이외의 다른 조직에서도 유학에서 제시하는 군자(君子)를 이상적인 지도자로 생각해왔기 때문이다.

유학에서 주장하는 군자상이 현대 한국 기업의 관리자나 경영자에게도 적용될 수 있을까. 필자는 적용 가능하다고 주장한다. 자신의 지혜와 아름다운 덕성을 개발하고, '역지사지(易地思之)'의 입장에서 구성원들을 배려·존중하고, '민본주의(民本主義)'를 바탕으로 구성원들과 함께 동고동락하려는 사람이 군자다. 아직도 우리 주변의 많은 사람들이 이런 군자상에 가까운 사람을 이상적인 지도자로 보기 때문이다.

필자가 한국 기업체 종사자들을 대상으로 군자적 리더십이 유효한지를 실증 분석한 결과, 유학에서 말하는 군자적 리더십이 한국 기업의 중간관리자들에게 잘 적용될 수 있다는 것을 확인했다. 특히 한국

기업의 중간관리자들에게는 군자적 리더십이 최근 서구에서 소개된 '변혁적 리더십(Transformational leadership)'이나 '진성리더십(Authentic leadership)'보다 더 효과적일 수 있다는 시사점이 발견됐다.

먼저 사서에서 이상적이라고 여기는 군자가 어떤 사람인지 살펴보자.

1. 사서(四書)에서 그리는 이상적인 지도자 군자

사서에 나타난 리더십을 이해하기 위해서는 먼저 유학에서 이상적인 지도자로 여기는 군자가 어떤 사람인지를 이해해야 한다. 사서에서는 군자가 다양하게 정의되고 있다. "인(仁)을 체현한 인물", "하늘을 우러러 부끄럽지 않고 남에게도 부끄럼이 없는 사람", "자기의 학식과 덕행을 닦음으로써 온 천하의 백성들을 안락하게 해주는 사람", "지인용(知仁勇)을 갖춘 사람", "지인용을 알맞게 조화시켜 중용의 도를 지키는 사람" 등이다.

맹자의 공손추(公孫丑) 상편에서는 수기를 통하여 인의를 체득함으로써 본래 타고난 깨끗함과 순수함을 견지하고(성지청, 聖之淸), 인의를 대인관계에 발현함으로써 다른 사람들과 조화를 이루고(성지화, 聖之和), 인의를 사회적으로 구현하여 사회적 책임을 다하는(성지임, 聖之任) 사람을 군자라고 했다.

대학에서는 "사물을 연구하고(격물, 格物), 지식을 넓히고(치지, 致

知), 생각을 성실하게 하고(성의, 誠意), 마음을 바르게 함(정심, 正心)으로써 자신을 바르게 하고(수신, 修身), 그 연후에 집안을 가지런히 하고(제가, 齊家), 더 나아가 나라를 잘 다스리고(치국, 治國), 마지막으로 천하를 평화롭게 다스리는(평천하, 平天下) 사람을 성인군자라고 했다.

대학에서는 추가적으로 군자가 종국적으로 성취해야 할 세 가지 일을 명시하고 있다. 군자는 밝은 덕을 밝히고(명명덕, 明明德), 인민을 새롭게 하며(친민, 親民), 지극한 착함에 머물러야 한다(지어지선, 止於至善)는 것이다.

이런 내용들을 모두 고려하여 사서에서 이상적으로 여기는 군자를 한 마디로 정리하면 자기를 갈고 닦아 인의를 체득하고, 인의를 대인관계에 적용함으로써 다른 사람들과 조화를 이루며, 인의를 사회적으로 실천함으로써 사회적 책임을 다하는 사람이라고 할 수 있다.

한국 기업의 관리자나 CEO가 군자상에 가까울 때 좋은 리더가 될 수 있을까. 군자상에 가까운 사람이 되기 위해 노력할 필요가 있을까. 필자는 '그렇다'고 본다. 이유는 다음과 같다.

먼저 자기 개발을 보자. 직장에서 좋은 관리자가 되기 위해서는 해당 직무가 요구하는 기본 역량을 보유하고 있어야 한다. 성실, 정직 등의 품성을 함양하고 있어야 하며, 직무 관련 지식이나 기술이 있어야 한다. 이런 역량이 부족하면 자기 일도 제대로 할 수 없고, 상사, 동료, 부하들에게 큰 폐를 끼친다. 좋은 관리자나 CEO가 될 수 없는 것이다.

다음으로 대인관계다. 직장에서는 혼자서 일하는 것이 아니라, 다른 사람들과 협력도 하고, 경쟁도 하면서 일한다. 상사, 동료, 부하들과 좋은 관계를 유지하지 못하고, 그들의 지지를 얻지 못하면 일을 잘 하기가 매우 어렵다. 이들의 지지를 얻기 위해 꼭 필요한 것이 역지사지의 입장에서 상대방을 배려하고 존중하여 그들의 마음을 얻는 것이다.

마지막으로 자신의 이익보다 전체를 우선시하는 것이다. 직장에서 자신의 역할을 저버리고, 사적이익만 추구한다면 다른 사람들의 신뢰를 얻을 수가 없다. 다른 사람들의 신뢰를 얻지 못한 관리자는 좋은 관리자가 되기 어렵다. 자신의 사적 이익보다 조직과 구성원의 이익을 우선시하고, 부하들과 동고동락할 수 있는 사람이 좋은 관리자로 인정받을 수 있다.

2. 군자에게 요구되는 핵심 덕성 인(仁)

공자에서 출발한 유교적 도덕 철학에서 군자에게 절대적으로 요구되는 것을 한 마디로 표현한다면 '인(仁)'일 것이다. 사서는 기본적으로 공자에서 출발한다. 공자는 자기 자신의 수양으로부터, 가문의 운용, 나라를 다스림, 세상을 평화롭게 하는 일까지 인(仁)이라는 것 하나로 할 수 있다고 보았다.

인(仁)은 무엇인가. 논어에서 인(仁)에 관하여 논한 대목이 40여 군데나 되지만, 인(仁)의 본질을 체계적이고 논리적으로 설명하고 있지는 않다. 어떤 곳에서는 인(仁)의 본질에 대해 말하고 있고, 다른 곳에서는 인(仁)의 실천법에 대해 말하고 있다. 이 같은 언급들을 종합해 보면 인(仁)을 자애로움이라고 정리할 수 있다. 즉, 자기의 이기심과 공명심을 극복하고 다른 사람들을 사랑하는 것이다.

인을 추구하는 방법은 수기(修己), 애인(愛人), 실행(實行)으로 구분할 수 있다. 수기(修己)란 끊임없는 훈련과 수양을 통해 고상한 인격을 도야함으로써 자신을 극복하고 예로 돌아가는 것, 즉 극기복례(克己復禮)를 말한다. 애인(愛人)이란 충서(忠恕)의 도리로 자기 자신의 마음을 다하여 거짓 없고 자기로 미루어 남을 이해하고 사랑하는 것이다. 실행(實行)이란 수신을 통해 도야한 인격과 충서의 도리를 공경하게 행동으로 표현하는 것이다.

공자가 말하는 인(仁)은 모든 사람을 사랑하는 박애(博愛)는 아니다. 논어 헌문(憲問)편에서 공자는 "악이나 원한은 강직으로 갚고, 착한 덕행에는 은덕으로 갚아야 한다"고 했다. 이인(里仁)편에서도 "오직 어진 사람만이 능히 다른 사람을 좋아할 수 있고, 오직 어진 사람만이 다른 사람을 능히 미워할 수 있다"고 했다. 어진 사람은 착한 사람과 악한 사람을 분간하고, 사리 판단을 명석하게 하는 지식과 지혜를 갖추고 있는 사람으로 맹목적으로 사랑을 베푸는 사람은 아니다.

인(仁)에 근거한 행동과 대비되는 것은 이(利)에 근거한 행동이다. '견리사의(見利思義)', 즉 눈앞에 이익이 보이면 그것을 취하기 전에 그것이 의로운 것인가를 생각해 보라고 하지 않았던가. 유가들은 제후, 대부, 일반 백성들이 모두 자기 이익을 위해 행동하면 세상이 혼탁해지고 전쟁이 끊이지 않을 것이라고 보았기 때문에 이(利)를 버리고 인(仁)에 근거하여 행동할 것을 요구한 것이다.

반면 현대 자본주의 사회에서는 이(利)에 근거한 행동을 어느 정도 당연시하고 있다. 시장이 제대로 작동한다면 사람들이 자신의 이익을 추구할 때, 희소한 자원이 필요한 곳에 사용되어 사회 전체의 복리도 증진된다. 사적 이익을 추구하는 것이 곧 인의(仁義)에 근거하여 행동하는 것이다. 조건은 시장이 제대로 작동할 때, 즉 사려고 하는 사람과 팔려고 하는 사람이 많고, 해당 재화에 대한 정확한 정보를 사람들의 쉽게 얻을 수 있을 때다.

한국에서 직장을 다니는 사람들은 인(仁)을 추구해야 하는가, 아니면 이(利)를 추구해야 하는가. 직장에서 인(仁)을 추구하는 행동이란 회사 전체의 이익을 위해 일하는 것이라고 볼 수 있다. 대부분의 직장에서는 인(仁)을 추구하는 행동과 이(利)를 추구하는 행동을 일치시키려 한다.

평가와 보상제도를 잘 설계해서 열심히 일하고 성과를 내어 회사에 기여한 사람들에게 보너스를 주고, 높은 관리자로 승진시킨다. 그렇기 때문에 일상적으로는 인(仁)을 추구할 것인가, 아니면 이(利)를 추구할 것인가를 고민할 필요가 없다.

문제는 인(仁)을 추구하는 것과 이(利)를 추구하는 것이 일치하지 않을 때 발생한다. 회사의 평가와 보상제도가 완벽하지 않기 때문에 그 둘이 일치하지 않을 때가 자주 있다. 회사 전체 혹은 소속 부서의 성과를 떨어뜨리지만, 자신의 직무성과를 높이는 방안이 있을 때 어떻게 할 것인가.

  자신이 책임지고 있는 부서의 성과를 희생하고, 옆에 있는 부서를 도와주는 것이 회사 전체에게 도움이 될 때는 어떻게 할 것인가. 자신이 쉽고 편하게 일할 수 있는 방법이 소속 부서의 성과를 떨어뜨리는 것이라면 어떻게 할 것인가.

  사서에서는 작은 이익을 버리고 큰 이익을 택하라고 한다. 기업에서 직장인도 그런 선택을 해야 하는가. 필자는 '그렇다'고 본다. 필자가 어떤 사람들이 기업의 CEO가 되는지에 대해 연구하기 위해 국내 거대 기업 CEO들을 대상으로 면담한 바 있다. 이들이 가장 먼저 꼽은 것은 자신의 작은 이익을 버리고 회사를 생각하는 '사람됨'이었다. 근시안적인 이(利)를 버리고 인(仁)을 추구하는 것이 장기적으로 그 사람에게 이롭다는 것이다.

3. 먼저 자기를 개발하는 수기치인(修己治人)

  사서에서는 '수기치인(修己治人)'을 강조하면서 좋은 리더가 되는 첫 출발점으로 자기 개발을 들고 있다. 자신을 바르게 하는 것인 수기(修己)가 있은 연후에야 다른 사람을 다스리는 치인(治人)이 가능하다는 것이다. 사서의 내용을 종합해 보면 이상적인 리더인 군자가 되기 위해서는 먼저 내면적 수양을 통해 지식을 쌓고, 올곧은 성품을 개발하고, 상황에 맞는 행동이 무엇인지를 판단할 수 있는 능력을 키우고, 이를 행동으로 옮겨야 한다.

자기 개발을 통해 지식과 지혜를 쌓고, 덕성을 개발하고, 용기를 가지고 인의(仁義)를 실천하는 사람만이 다른 사람을 따르게 할 수 있다는 것이다. 사서에서 강조한 자기 개발의 내용을 개발의 대상인 지혜, 인격, 감정조절 능력과 방법으로 구분하여 살펴보자.

지혜, 인격, 감정조절 능력을 개발하라

사서에서는 지식과 지혜, 아름답고 선한 인격과 자신의 감정을 통제하고 조절하는 능력 개발을 강조한다. '희로애락(喜怒哀樂)'과 이기심은 지식이나 지혜, 선한 인격이 행동으로 나타나는 것을 방해한다. 때문에 진정한 군자가 되기 위해서는 지혜와 인격의 도야에 추가하여 자신의 감정을 제어하고 통제하는 능력을 길러야 한다는 것이다.

먼저, 세상의 이치, 일의 '경중(輕重)'과 '본말(本末)', 사람 사이의 관계에 대한 이치를 깨우칠 것을 요구하고 있다. 이런 것을 깨우치지 못하면 좋은 리더가 될 수 없다. 현명한 사리판단을 할 수 없기 때문이다. 일의 경중과 본말을 구분하지 못하고 모든 일을 다 하려는 상사 밑에 있는 부하는 초과근로에 허덕이지만 높은 성과를 내지 못한다. 반면에 일의 경중과 본말을 잘 구분하는 상사는 꼭 해야 할 일, 하지 않아도 될 일을 잘 구분하기 때문에 부하직원들을 부가가치가 낮은 일에 매달리도록 하지 않는다.

둘째, 올바른 품성을 개발할 것을 요구하고 있다. 사서에서는 자기 개발에 있어서 지혜나 지식보다는 덕(德)과 아름다운 품성의 함양을 더 중시한다. 논어 학이(學而)편에 "제자는 집에 들어와서는 부모에게 효도하고, 나가서는 다른 사람들과 형제처럼 우애 있게 지내고, 자신의 행동을 삼가고 신의를 지키며, 널리 사람들을 사랑하고 인(仁)을 가까이 해야 한다. 그런 것을 행하고도 남는 힘이 있으면 글을 배워야 한다"는 문구가 있다.

글을 읽고 배우는 것보다 훨씬 더 중요한 것이 덕과 아름다운 품성을 개발하고 그것을 실천하는 것이라는 주장이다. 우리는 대인관계에서 착하고 능력 있는 사람을 최고로 치고, 착하고 무능력한 사람을 다음으로, 악하고 무능력한 사람을 그 다음으로, 악하고 능력 있는 사람을 최악으로 친다.

악하고 무능력하면 다른 사람에게 별 해를 끼치지 못하지만, 악하고 능력이 있으면 많은 사람에게 큰 해악을 끼칠 수 있기 때문이다. 현대 기업에서도 능력보다 품성을 중시하고 있다. 예를 들어 GE를 비롯한 세계적인 기업들이 임원들을 평가할 때, 능력보다 해당 기업이 추구하는 핵심 가치를 내재화했는지를 더 중시한다. 품성을 더 중시하는 것이다.

셋째, 행동을 함에 있어 자신의 감정을 억제해야 하고, 감정을 표출한다 하더라도 절도에 맞게 할 수 있도록 수양할 것을 요구하고 있다. 대학에서 제시한 자신의 몸을 닦는 수기의 한 요소가 마음을 바르게 하는 '정심(正心)'이다. 마음을 바르게 한다는 것은 노여움, 두려움, 좋아함과 즐거움, 걱정과 같은 자신의 감정을 제어하는 것을 말한다.

직장에서 좋은 리더가 되기 위해서는 자신의 감정을 절제할 수 있어야 한다. 먼저 화를 참아낼 수 있어야 한다. 필자가 만난 똑똑하고 성격이 급한 많은 임원들이 회사에서 좋은 리더로 인정받지 못한다.

그런 임원들은 작은 잘못을 한 부하직원들에게 불같이 화를 내는 경향이 있고, 그로 인해 부하들이 임원을 위해 자발적으로 헌신하려 하지 않는다. 그리고 부하직원들에 대한 애증이 인사고과 등에 반영되지 않도록 해야 한다. 많은 경우에 상급자는 일을 잘하는 부하를 좋아하고, 그래서 높은 인사고과 점수를 준다.

이럴 때는 자신이 총애하는 부하에게 좋은 점수를 줘도 무방하다. 문제가 될 때는 업무성과나 조직에 대한 기여도와는 별개로 부하에 대한 애증이 인사고과에 큰 영향을 미칠 때다. 이럴 때는 부하들이 공정한 대우를 받지 못했다고 생각하기 때문에 좋은 평가를 받지 못한 능력 있는 부하들이 좌절감을 느끼게 된다. 이들의 노력의지가 꺾이기 때문에 소속 조직이 큰 성과를 내지 못하게 된다.

자기 개발의 방법

사서에서는 자기 개발 방법에 대해서도 강조하고 있다. 예를 들어 중용 주자장구 20편에는 "선(善)이 무엇인지를 널리 배우고(박학, 博學), 자세히 물어보고(심문, 審問), 신중히 생각하고(신사, 愼思), 밝게 분별하고(명변, 明辨), 선을 두터이 실행해야(독행, 篤行) 한다"는 문구가 있다. 자기 개발 방법으로 사서에서 특징적으로 강조하고 있는 것은 세 가지다.

첫째, 사서에서는 옛것에 대한 학습과 동시에 새로운 것의 창조를 강조하고 있다. 논어 위정(爲政)편에서 공자가 강조한 '온고이지신

(溫故而知新)', 즉 옛것에 대해 학습하고 이에 근거하여 새로운 것을 창조하는 것을 그 예로 들 수 있다. 같은 논어 위정(爲政)편에서 공자는 "남에게 배우되 스스로 생각하지 않으면 멍청해지고(학이불사즉망, 學而不思則罔), 독단적으로 사색만 하고 배우지 않으면 위태로워진다(사이불학즉태, 思而不學則殆)"고 했다. 배운다는 것은 박학(博學)은 물론 사실과 경험을 통해 기존의 것을 체득하는 것을 의미하고, 생각한다는 것은 사실과 경험을 통해 만물과 세상의 이치를 스스로 생각해 보는 것을 의미한다.

직장에서 좋은 리더가 되기 위해서는 이미 축적된 지식을 배워야 할 뿐만 아니라, 창조적 사고를 할 수 있어야 한다. 이 둘이 갖추어질 때 회사의 성과 향상에 기여할 수 있는 변화와 혁신을 추진할 수 있기 때문이다.

둘째, 사서에서는 자기 개발을 위한 방법으로 끊임없는 자기반성을 특별히 강조하고 있다. 이루(離婁)장구 상편에서 맹자는 "남을 아껴주는데도 가까워지지 않으면 자신의 인자함이 철저하지 않은가를 반성하라. 남을 다스리는데 다스려지지 않으면 자기의 지혜가 모자라는 것이 아닌지 반성하라. 남을 예로써 대하는데 반응이 없으면 자기의 공경하는 태도가 성실하지 못한가를 반성하라. 행해서 기대했던 것을 얻지 못하면 돌이켜 자기 자신에게서 그 원인을 찾으라. 자기 몸이 올바르면 온 천하가 귀순해 온다"고 했다.

철저한 자아성찰을 주장한 것이다. 직장에서 문제가 생기면 많은 사람들이 다른 사람을 탓한다. 부하와의 관계가 매끄럽지 못하면 부하의 충성심 부족을 탓하고, 다른 부서가 잘 도와주지 않으면 해당 부서가 이기적이라고 탓한다. 그런 리더보다는 부하가 충성을 다하도록 해주지 못한 것이 무엇이고, 해당 부서에게 서운하게 한 것이 없었는지를 반성하고 자기 개발을 하면 좋은 리더가 될 수 있다.

셋째, 사서에서는 다른 사람을 보고 배우는 것도 강조하고 있다. 공자는 논어 이인(里仁)편에서 "어진 이를 보면 그와 같이 되기를 생각하고, 어질지 못한 자를 보면 내 스스로 깊이 반성해야 한다"고 했다. 술이(述而)편에서는 "세 사람이 가면 그 가운데 반드시 나의 스승이 될 만한 사람이 있다. 그들의 좋은 점을 골라 따르고, 좋지 못한 점은 거울삼아 고치도록 한다"고 했다.

직장생활을 잘 하기 위해서는 직장에서 요구하는 바람직한 행동과 바람직하지 않은 행동을 잘 구분해야 한다. 그런데 잘한 일에 대해 직접 상을 받고, 잘못한 것에 대해 직접 벌을 받는 방법만으로 회사가 요구하는 것을 배운다면 매우 비효율적이다. 칭찬을 받고 상을 받는 사람, 비난을 받고 벌을 받는 사람들을 보고 간접적으로 배워야 한다.

4. 화(和)로 인간관계를 관리하라

사서에서는 다른 사람과의 관계를 형성함에 있어서 대립보다는 화합을 강조하고 있다. 공자는 논어 자로(子路)편에서 "군자는 화(和)하나 동(同)하지 않고, 소인은 동(同)하나 화(和)하지 않는다"고 말했다. '동(同)'이란 자신의 의견이 없이 다른 사람의 의견에 부화뇌동하는 것을 말하고, '화(和)'란 자신의 뚜렷한 신념과 주체성을 지켜나가면서 주위 사람들과 화합하고 원만한 관계를 유지하는 것을 말한다.

사서에서는 다른 사람과의 바람직한 인간관계를 형성함에 있어서 가장 기본적인 원리로 서(恕)와 예(禮)를 제시하고 있다.

서(恕), 상대방을 헤아려 행동하라

사서에서는 사람을 대함에 있어서 기본적으로 지켜야 할 원리로서 다른 사람의 마음을 헤아려 행동하는 '서(恕)'를 들고 있다. 사서에 나타난 도리를 '충서지도(忠恕之道)'라고 할 정도로 서(恕)가 강조되고 있다.

충서(忠恕)에서 '충(忠)'이란 마음을 다하여 거짓이 없는 것을 의미하며, 서(恕)란 자기를 미루어 남을 아는 것을 의미한다. 논어 위령공(衛靈公)편에서 자공이 공자에게 "종신토록 지켜야만 할 일을 한 마디로 말하면 무엇이 있습니까?"라고 물으니, 공자는 "그것은 서(恕)일 것이다. 내가 원하지 않는 일을 남에게 강요하지 말라"고 했다.

서(恕)를 실천에 옮기기 위해 무엇을 해야 할 것인가. 먼저 자기 본분을 다할 것을 요구하고 있다. 논어 안연(顔淵)편에서 공자는 "임금은 임금답게, 신하는 신하답게, 아버지는 아버지답게, 아들은 아들답게" 올바로 행동하면 사회가 잘 돌아간다고 했다. 임금은 임금답게 덕치를 해야 하고, 신하는 신하의 도리를 지켜야 하며, 부모는 부모로서의 책임을 다하고, 자식은 자식으로서의 본분을 다하는 것이 서(恕)를 실천하는 출발점이다.

직장에서 서(恕)는 자신의 입장에서 자신의 이익만을 위해서 다른 사람을 대하는 것이 아니라, 상대방의 입장에서 생각해 보고 행동하는 것이다. 예를 들어 "내가 만약 부하라면 나의 상사에게 무엇을 기대할까?"를 생각하며 부하를 대하고, "내가 만약 상사라면 부하에게 무엇을 원할까?"를 생각하며 상사를 대하는 것이다.

물론 이를 실천하기는 매우 어렵다. 대부분의 사람이 자신의 입장에서 세상을 보고, 자신의 행복을 추구하기 때문이다. 서(恕)를 실천하는 사람이 드물기 때문에, 이를 실천하는 사람은 직장에서 좋은 상사, 좋은 동료, 좋은 부하로 인정받을 수 있고, 좋은 리더가 될 수 있다.

예(禮), 때와 장소에 맞게 행동하라

충서의 도리가 행동으로 나타날 때 요구되는 것이 '예(禮)'다. 사서에서는 군자가 되기 위해서는 다른 사람을 대할 때 예(禮)로써 대해야 한다고 한다. 공자는 군자가 되기 위해서는 내면의 선(善)만 갖추어져서는 부족하며, 그것이 행동으로 나타날 때 예(禮)를 통하여 표현되어야 함을 주장했다.

논어 태백(泰伯)편에서 공자는 "공손하되 예가 없으면 헛수고를 하게 되고, 신중하되 예가 없으면 두려워하게 되며, 용감하되 예가 없으면 난폭하게 되고, 정직하되 예가 없으면 강박하게 된다"고 했다. 논어 팔일(八佾)편에서 노나라 왕인 정공이 공자에게 "군주가 신하를 쓰고, 신하가 군주를 섬기는데 어떻게 해야 합니까?"라고 물었다. 공자는 "군주는 신하를 쓰되 예를 지키고, 신하는 군주를 섬기되 충성을 다하면 됩니다"라고 답했다. 다른 사람을 대함에 있어 예(禮)에 근거하여 행동해야 함을 강조한 것이다.

예(禮)가 실행되기 위해서는 상대편을 공경(恭敬)하는 마음이 있어야 하고, 자신의 이익(利益)이 아닌 인의(仁義)에 근거하여 행동해야 한다. 상대편을 공경(恭敬)하는 마음이 없으면 진정한 예(禮)를 행할 수 없다. 겉으로만 예를 행하는 것은 가식(假飾)에 불과하다. 인의(仁義)에 근거할 때 진정한 예(禮)를 행할 수 있다.

예를 들어 보자. 직장에서 상사를 위해 상사의 잘못된 판단을 바로잡아 주고자 많은 사람들 앞에서 직언(直言)이나 고언(苦言)을 하는 것은 예가 아닐 수 있다. 상사를 위하는 마음은 있으나, 많은 사람들 앞에서 상사의 권위를 훼손하는 행동이기 때문이다.

대학교 다닐 때 친구를 상사로 모신다고 할 때, 친근감을 표현하기 위해 공적인 장소에서 친구처럼 대한 것도 예가 아닐 수 있다. 공경하는 마음을 담아, 때와 장소에 맞는 행동을 해야 예를 지키는 것이다. 이런 예를 제대로 지키지 못하는 사람이 조직에서 좋은 리더가 되기는 어렵다. 다른 사람들의 신뢰를 얻기 어렵기 때문이다.

5. 현대 경영의 군자 리더십

사서에서 군자가 경영해야 할 대상 중에서 가장 큰 단위는 천하이고, 그 다음으로 큰 단위가 국가다. 사서에서 군자가 국가를 경영함에 있어서 지켜야 할 기본 원칙 혹은 원리는 덕치(德治)와 왕도정치(王道政治), 리더의 솔선수범(率先垂範), 민본주의(民本主義)와 여민동락(與民同樂), 인재 등용으로 정리할 수 있다.

이 원리는 기업의 관리자들이 자신이 책임지고 있는 부서를 운영할 때도 적용된다.

덕치(德治)와 왕도정치

사서에서는 군자가 조직을 운영함에 있어 기본으로 삼아야 할 것으로 '덕치(德治)' 혹은 '왕도정치(王道政治)'를 들고 있다. 공자는 정치를 하는 사람들이 인(仁)을 근본으로 하여 위로부터 덕치를 베풀어 만민이 다 같이 평등하게 행복을 누려야 한다고 주장하고 있다. 덕치의 다른 표현이 어진 정치(인정, 仁政)인데, 이는 백성본위로 정치를 함으로써 백성에게 교만하지 않고 예의를 지키며, 백성들의 삶을 풍요롭고 평안하게 해주는 것이다.

맹자가 주장하는 이상적인 정치는 왕도정치(王道政治)다. 왕도정치는 왕이 인(仁)과 의(義)에 근거하여 백성들을 다스림으로써 백성들이 스스로 왕을 따르도록 하는 것이다. 왕이 덕을 몸에 익혀서, 그 덕으로 백성들을 교화하고 인도해 나가는 정치가 곧 왕도 정치다. 맹자는 왕도정치를 하기 위해서는 먼저 임금이 신하를 인의(仁義)로 대해야 한다고 주장했다.

왕도정치와 대비되는 것이 바로 '패도정치(覇道政治)'다. 이는 폭력이나 물리적인 수단을 사용하여 백성들을 굴복시키고 복종하도록 하는 것이다. 맹자는 패도정치와 더불어 사람들의 이기심을 활용한 정치도 배격하고 있다.

맹자는 양혜왕(梁惠王)장구 상편에서 나라를 이롭게 할 수 있는 방도를 묻는 양혜왕의 질문에 대해 "왕께서 나라의 이익만을 생각하면, 대신(大臣)들은 어떻게 내 가문을 이롭게 할까를 생각하며, 선비와 백성들은 제 한 몸의 이익 밖에 생각하지 않습니다. 윗사람이나 아랫사람 모두가 서로의 이익만을 취한다면 나라는 위태로워질 것입니다"라고 답했다.

왕이 경제적 혹은 물질적 이익을 얻기 위해 나라를 다스리는 것은 바람직하지 않다는 뜻이다. 또한 물질적 이득을 이용하여 신하와 대신을 활용하는 것에 대해서도 찬성하지 않는다.

왕도정치를 시행하면 어떤 결과가 나타날까. 그 나라가 살기 좋은 나라가 되고, 그렇게 되면 다른 나라의 백성들이 귀순해 와서 백성의 수가 커지고 유능한 인재가 많아져서 강한 나라가 될 수 있고, 결과적으로 천하를 다스리는 천자가 될 수 있다는 것이 맹자의 주장이다. 맹자는 왕도정치에 의한 인구의 확충이 무력으로 다른 나라를 정벌하여 패권을 잡는 것보다 훨씬 효율적이고 그 효과가 영구적이라고 보고 있다.

현대 기업의 관리자가 패도정치에 따라, 즉 폭력이나 물리적인 수단을 활용하여 맡고 있는 부서를 잘 이끌기는 어렵다. 그러나 맹자가 배격했던 구성원들의 이기심을 활용한 조직 운영을 완전히 배척할 수는 없다. 사람들이 금전적 보상, 승진, 자아성취 등의 이기적 목적을 달성하기 위해 일하는 측면을 무시할 수 없기 때문이다.

기업의 관리자는 구성원들의 이기심을 자극하는 방안을 활용해야 한다. 일을 잘하는 부하들에게 많은 보상과 승진 기회를 줘 부하들의 업무 수행 의욕을 키워줘야 한다.

하지만 구성원들의 이기심에만 의존해서는 아주 높은 성과를 내기는 어렵다. 관리자가 감시·감독하지 않고, 금전적 보상을 해주지 않더라도, 구성원들이 스스로 소속부서가 필요로 하는 행동을 스스로 찾아내고, 소속부서가 추구하는 목표를 달성하기 위해 자발적으로 헌신하는 좋은 문화를 창달할 수 있어야 한다. 이런 이유로 초우량 기업들은 좋은 기업문화를 창달하는 것을 중시한다. 그런 문화를 창달하기 위해 관리자가 가장 먼저 해야 할 것이 구성원들을 존중하고 인의로 대하는 것이다. 그래야만 구성원들의 마음을 살 수 있기 때문이다.

솔선수범

사서에서는 왕이 덕치 혹은 왕도정치를 시행함에 있어서 첫 출발점으로 왕 자신의 '솔선수범(率先垂範)'을 들고 있다. 왕이 앞서 모범을 보이지 않으면 신하들이 따르지 않고, 신하들이 따르지 않으면 백성들이 따르지 않는다고 조언한다. 왕이 옳고 선한 것을 먼저 행하지 않으면서 백성들에게 옳고 선한 것을 행하도록 요구한다면, 백성들은 왕의 요구대로 행동하지 않고 오히려 왕의 행동을 모방할 것이라는 주장이다.

논어 안연(顔淵)편에서 공자는 "바람이 불면 풀이 나부끼듯 왕이 덕치로써 백성을 다스리면 백성들은 반드시 선(善)에 동화된다"고 했다. 자로(子路)편에서 공자의 제자인 자로가 공자에게 정치에 대해 물었다. 이에 대해 공자는 "백성들에 앞서서 일하고, 백성들을 위로하고, 끝까지 지치지 말고, 시종일관해야 한다"고 말한다.

또한 공자는 "윗사람이 예(禮)를 좋아하면 백성들도 경건하지 않을 리 없고, 윗사람이 도의를 잘 지키면 백성들도 복종하지 않을 리 없으며, 윗사람이 신의를 잘 지키면 백성들도 성실하지 않을 리 없다. 이렇게 되면 사방에 있는 이웃나라 백성들도 제 자식을 포대기에 업고 찾아 올 것이다", "위정자 자신이 올바르면 명령을 내리지 않아도 만사가 이루어지고, 위정자 자신이 올바르지 못하면 비록 호령해도 백성들이 따르지 않는다"고 했다.

위정자가 자신의 몸가짐을 바르게 하고 덕을 베풀면 먼 나라의 백성들까지 덕을 따라 찾아온다는 것이다. 논어 위정(爲政)편에서 공자는 또 "북극성은 그 자리에 가만히 있지만 다른 별들은 북극성을 중심으로 움직이는 것과 같이, 왕이 솔선하여 덕을 행하면 신하와 백성들이 왕을 본받아 선을 행한다"고 주장했다. 솔선수범에 근거한 정치를 우주자연의 섭리에 비유할 정도로 당연하고 자연스러운 것이라는 주장이다.

기업에서 관리자가 솔선수범하지 않고, 부하들에게만 희생과 헌신을 요구하면 효과적이지 않다. 자신은 열심히 일하지 않으면서 구성원들에게는 헌신을 요구하고, 회사의 카드를 사적으로 사용하면서 구성원들에게는 공과 사의 명확한 구분을 요구하고, 자신은 역량 개발을 위해 노력하지 않으면서 구성원들에게는 공부하도록 요구하는 관리자들이 많다. 구성원은 이런 상사를 마음으로 받아들이지 않는다.

적자에 허덕이던 한국전기초자를 흑자로 바꿔 구조조정전문가로 인정받고 여러 회사의 CEO를 역임한 서두칠 사장은 자신의 중요한 성공요인 중 하나로 솔선수범을 들고 있다. 월급을 받지 않고, 회사의 야전침대에서 자면서 일을 하니까 구성원들이 자발적으로 임금삭감을 요청하고, 열정적으로 일해서 짧은 시간에 적자 기업을 경쟁력 있는 기업으로 탈바꿈시켰다는 것이다. 구성원들을 변화시키고자 한다면 먼저 본인이 솔선수범을 해야 한다는 것을 보여주는 좋은 사례라고 할 수 있다.

민본주의와 여민동락(與民同樂)

맹자는 왕도정치를 실천함에 있어서 '민본주의(民本主義)'와 '여민동락(與民同樂)'을 기본 정신으로 삼고 있다. 왕이 백성을 나라의 근본으로 생각하고, 백성과 함께 즐거움을 누리려고 할 때 왕도정치가 실천된다는 것이다.

진심(盡心)장구 하편에서 맹자는 "백성이 가장 귀중한 존재이고,

사직(社稷)이 그 다음이며, 임금이 가장 가벼운 존재다. 그렇기 때문에 밭일을 하는 백성들의 마음에 들게 되면 천자가 되고, 천자의 마음에 들면 제후가 되고, 제후의 마음에 들면 대부가 된다"라고 했다. 백성이 없으면 임금도 있을 수 없다는 것이다.

따라서 맹자는 왕이 백성들의 삶을 보고 백성들의 말에 귀를 기울여 이에 근거하여 통치하는 것이 바람직하다고 주장한다.

맹자는 백성이 국가의 근본이기 때문에 국가를 원만하게 운영하기 위해서는 민생안정을 도모해야 한다고 주장한다. 정치의 기본은 국민을 잘 살게 만드는 것이기 때문에 국가가 백성들의 최소한의 경제생활을 보장해주어야 된다는 것이다.

맹자는 양혜왕(梁惠王)장구 상편에서 "백성들은 일정한 소득(항산, 恒産)이 없으면 마음의 안정(恒心)을 얻을 수 없다"고 강조했다. 즉 백성들의 물질적 생활이 보장되지 못할 경우 백성들이 어질고 선한 행동을 할 것을 기대하기 어렵다고 보았다. 왕이 백성들의 생활근거를 만들어주지 않고 죄를 범하게 하고 왕이 그들을 잡아들여 처벌한다면 이는 백성들을 그물로 잡는 것과 같다고 했다.

그래서 그는 "왕이 백성들로 하여금 논밭을 잘 가꾸게 해주고, 세금을 줄여 준다면 백성들을 부유하게 할 수 있고, 곡식이 풍부하게 된다면 백성들 가운데 어질지 않은 자가 없다"고 주장한다. 맹자는 또 "산 사람을 잘 먹고 살 수 있게 해주고, 죽은 사람을 장사지내는 데 필요한 것을 넉넉히 마련하게 해 준 후에 예의로써 백성을 이끌면 온 세상의 사람들이 모여들어 천하의 종주가 될 수 있다"고 말한다.

맹자는 백성을 나라의 근본으로 보았기 때문에 왕이 나라를 다스림에 있어서 백성들과 함께 즐거움을 누릴 것, 즉 여민동락(與民同樂)을 요구했다. 맹자는 공손추(公孫丑)장구 하편에서 "천시(天時)를 얻는 것은 지리(地理)를 얻는 것만 못하고, 지리를 얻는 것은 인화(人和)를 얻는 것만 못하다"라고 주장하며 '인자무적(仁者無敵)', 즉 인자한 사람에게는 적이 없다고 강조했다.

하늘의 축복은 땅이 주는 혜택만 하지 못하고, 땅이 주는 혜택은 백성들이 따라주는 것만 못하다는 얘기다. 나라를 제대로 다스리기 위해서는 백성이 진심으로 임금을 받아들이고 임금이 잘되기를 기원해야 하는데, 이를 위해서는 임금이 먼저 백성들을 즐겁게 해주는 데서 기쁨을 찾아야 한다는 것이다.

현대 기업이 민본주의나 여민동락을 실천하는 방법은 과거 국가의 통치자가 실천하는 방법과는 다를 것이다. 국가의 통치자는 못난 사람, 못된 사람을 버릴 수 없다. 그들도 백성이고 국가에서 버리면 갈 곳이 없기 때문이다. 그래서 모든 백성을 근본으로 삼는 정치를 해야 한다. 그러나 현대 기업에서는 회사가 필요로 하는 역량을 전혀 갖추지 못한 사람, 회사에 대한 애사심이 전혀 없는 사람, 열심히 일하고자 하는 의욕이 전혀 없는 사람까지 다 포용하고 그들을 최우선시하는 경영을 할 수 없고, 그럴 필요도 없다. 노동시장이 있기 때문에 그런 사람들에게는 다른 기업이 훨씬 더 좋은 직장이 될 수 있다.

기업에서 여민동락이라 함은 일차적으로 구성원들과 함께 성과를 향유하는 것이다. 기업이 이익을 많이 내면, 구성원들에게 많은 보너스를 주는 것이 여민동락의 대표적인 예다. 여민동락은 기업이 높은 성과를 낼 수 있는 원천이 된다. 열심히 일해서 기업 이익을 함께 향유할 수 있다면 구성원들이 열정을 가지고 일하려 하기 때문이다.

회사가 손해를 보건 많은 이익을 내건 구성원들에게 주어지는 것이 달라지지 않는다면 구성원들이 열정을 가지고 일하기 어렵다. 삼성 그룹은 이익공유제를 시행하고 있는데, 소속 기업이나 사업부의 성과가 좋으면 자기 연봉의 50%까지 보너스로 받아간다. 구성원들이 힘을 합쳐 열심히 일할 만한 동기를 부여하는 것이다.

기업에서 민본주의라 함은 일차적으로 구성원들을 가장 중시하는 것을 의미한다. 경영학에는 주주, 고객, 종업원 중 가장 중요한 사람이 누구인지에 대한 논의가 있다. 경쟁력 있는 많은 기업들이 종업원을 가장 중시한다.

경영자가 가장 먼저 해야 할 것은 종업원들이 일하기 좋은 회사를 만드는 것이라는 가정이다. 그러면 뛰어난 인재들이 열정을 가지고 일하여 고객들이 구매할만한 상품을 만들어 내고, 경쟁력 있는 상품을 고객에게 제시하면 자연스럽게 매출과 이익이 늘어나고, 그렇게 되면 주가가 올라갈 것이기 때문에 주주들이 투자하고 싶어 하는 회사가 될 수 있다는 논리이다.

갓 창업한 기업에서는 온 가족이 매달려 종업원들과 함께 한솥밥을 먹으면서 일을 하기도 한다. 이때는 종업원들도 창업자 가족을 한 식구로 생각하고 회사를 위해 헌신한다. 그렇게 해서 회사가 성장하고 안전 궤도에 올라가면, 창업자의 아내는 사모님 행세를 하고 창업자는 사장 행세를 하며 구성원들을 우습게 보는 교만함이 행동으로 드러나기도 한다.

이 때문에 구성원들의 애사심이 떨어지고, 핵심 인재들이 이탈하여 생존 자체가 어려워지기도 한다. 여민동락이 깨지니 구성원들도 회사를 위해 헌신하지 않는 것이다.

직장에서 관리자가 부하들을 대함에 있어서도 민본주의와 여민동락의 자세가 요청된다. 좋은 성과가 나왔을 때 관리자가 그 공을 독차지하려 한다면 부하들의 헌신을 유도할 수 없다. 할당된 목표를 달성하기 위해 구성원들을 못살게 구는 것도 좋은 방안이 아니다. 지속 가능하지 않기 때문이다. 구성원들과 함께 동고동락할 때 구성원들의 헌신을 유도할 수 있다.

인재 등용

사서에서는 덕치를 실천함에 있어 인재 등용을 필수적인 것으로 보았다. 왕이 국가의 모든 일을 다 관여할 수 없기 때문에 지인용(知仁勇)을 갖춘 사람을 등용하여 나라 일을 맡기면 이들이 덕(德)과 예(禮)로써 백성들을 다스리고 그럴 때 덕치(德治)가 실천될 수 있다.

임금은 신하를 공정하게 평가하고 그들의 능력에 맞는 일을 맡겨야 한다고 말한다. 맹자는 진심(盡心)장구 하편에서 "인자하고 현량한 인물을 신임하지 않으면 나라가 공허해진다"고 했다. 공손추(公孫丑)장구 상편에서 맹자는 "만약에 치욕을 당하는 것을 싫어한다면, 덕을 귀중하게 여기는 선비를 존중하고, 현명한 사람을 벼슬자리에 있게 하고, 유능한 인재에게 일을 맡게 하여 국가를 한가하게 만드는 것보다 더 좋은 방법은 없다"고 하면서 인재 등용의 중요성을 강조했다.

대학의 치국평천하 편에서도 인재 등용을 특별히 강조하고 있는데 "현명한 이를 보고도 등용하지 못하고, 등용하되 자기보다 앞서게 하지 못하는 것은 태만함이며, 선하지 못한 이를 보고도 물리치지 못하고, 물리치되 멀리하지 못하는 것은 허물이다"라고 했다.

그렇다면 어떤 사람이 인재인가. 물론 지인용(知仁勇)을 갖춘 군자가 인재다. 그런데 사서에서는 사람을 등용함에 있어서 사람의 능력보다는 품성을 강조하고 있다. 특출한 재주보다는 남의 능력과 재주를 인정해주고 또 그것을 배우려 애쓰는 사람을 등용해야 한다는 것이다. 지인용 중에서 특히 인(仁)을 강조하고 있고, 어진 사람의 등용을 강조한다.

공자는 논어 위정(爲政)편에서 "정치의 요체는 어진 사람을 찾아내어 등용하는 것"이라고 강조한 바 있다. 맹자는 이루(離婁)장구 상편에서 "인자한 사람만이 높은 지위에 있을 자격이 있다. 인자하지 않으면서 높은 지위에 있다면 그것은 그의 악(惡)을 여러 사람에게 뿌리는 것과 같다"고 하며 인자한 사람의 등용을 강조했다.

현대 기업에서도 인재 등용이 경영의 핵심이라고 할 수 있다. 지식 기반 사회로 바뀌면서 지식과 창의성 유무에 따라 사람들의 생산성이 크게 달라지는 시대가 되었다. 뛰어난 인재 보유 여부에 따라 기업의 생존이 좌우되는 '인재 전쟁의 시대'가 된 것이다. 좋은 품성과 재능을 갖춘 인재를 유치하고 활용하기 위한 기업의 노력이 가중되고 있다.

　기업의 관리자에게도 인재의 활용은 매우 중요한 이슈다. 뛰어난 인재를 부하로 둔 관리자는 쉽게 높은 성과를 낼 수 있다. 그래서 관리자는 자신이 맡고 있는 부서를 다른 사람들과 화합하는 품성을 갖추고 있으면서 맡은 업무를 제대로 수행해 나갈 수 있는, 직무역량을 갖춘 사람들이 일하고 싶은 부서로 만들어야 한다. 그래야 좋은 인재가 몰려들어 큰 성과를 낼 수 있기 때문이다.

　그런데 기업에는 자신보다 능력이 뛰어난 부하를 시기하고 질투하는 관리자들이 종종 있다. 부하가 자신을 밟고 올라서는 것을 두려워하기 때문이다. 이런 관리자들 중에서 성공한 사람은 매우 드물다. 이런 상황이라면 자신의 역량을 키우고, 역량이 뛰어난 부하들이 높은 성과를 내도록 도와주어 그들에게 편승하는 것이 더 좋은 방안이다.

　혹자는 "세계화된 현대 사회에서 웬 유교인가?"라는 질문을 할 수 있다. 또《공자가 죽어야 나라가 산다》같은 책이 베스트셀러가 될 정도로 유교 문화의 폐단이 지적되고 있는 현 시점에서 왜 고리타분한 유교 이야기냐고 문제를 제기할 수도 있다.

　그러나 유교에 대한 비판서들을 읽어 보면 초기에 제시된 유교 경전에 대한 원론적 비판이 아니라 동아시아, 특히 우리나라의 전통 문화를 유교 문화로 보고 전통 문화에서 나타난 여러 가지 폐단을 유교의 폐단이라고 오해하는 경우가 많다.

　유교는 고리타분하지 않다. 오히려 서로가 서로를 인격체로 존중해 줄 것을 요구하고, 다른 사람을 대할 때는 마치 자신을 대하듯 하라고 말한다. 또 리더는 구성원들의 삶의 기반을 튼튼히 해야 한다고 주장한다. 사서에서 제시하는 리더십의 내용은 큰 조직을 이끌어가는 현대의 리더들에게 아직도 유효한 것이다.

물론 사서가 쓰인 시대와 현재는 상황이 매우 다르기 때문에 사서에서 제시하는 이상적인 리더십을 현재의 기업 조직 운영에 그대로 적용하기는 어렵다. 조직의 업무는 물론 사회도 복잡해졌고, 경쟁 상황이 급격히 변하고 있다. 때문에 현대의 리더들에게는 사서에서 제시하는 것 이상의 전문적인 지식과 미래를 내다 볼 수 있는 혜안이 더 많이 요청된다.

또한 싸우지 않고 평화롭게 사는 것만을 목표로 하기에는 기업 간 생존 경쟁이 너무 치열하기 때문에 리더에게 더 많은 과업 지향적인 행동을 요구하고 있다. 더불어 지금은 구성원들도 상당 수준의 교육을 받았기 때문에 더 이상 수동적인 존재로 취급해서는 안 된다. 그들의 지식과 역량이 조직 내에서 충분히 발휘되도록 하여 기업의 경쟁력을 향상시킬 필요가 있다.

더 읽으면 좋은 책

- 이강재, 《논어: 개인윤리와 사회윤리의 조화》, 살림출판사, 2006.
- 이기동, 《한마음의 나라 한국》, 동인서원, 2009.
- 조긍호, 《유학심리학》, 나남출판, 1998.

미니박스 ⑦

시어스(Sears) 백화점의 종업원 제일주의

미국의 경제잡지인 〈포춘〉은 매년 '일하기 좋은 기업순위'를 발표한다. 급여, 근무환경, 복리후생, 교육기회, 기업문화 등의 측면에서 종업원들이 일하기 좋은 기업의 순위를 매기는 것이다. 종업원들을 근본으로 생각하는 경영, 민본주의에 근거한 경영을 하고 있는 기업들을 뽑은 것이다.

종업원을 근본으로 생각하는 기업은 돈을 잘 벌 수 있을까. 포춘에 뽑힌 '일하기 좋은 기업'들과 사업내용과 규모면에서 가장 유사한 기업을 뽑아 성과를 비교한 연구 결과는 포천에 뽑힌 기업들이 더 돈을 많이 벌었고, 주가가 더 많이 올랐다는 것을 보여준다.

미국에 유서 깊은 백화점인 시어스는 1992년에 매장 직원들의 직무만족과 애사심을 높이는 것이 회사 성과를 높이는 지름길이라고 보고 조직 변신을 도모했다. 자신의 직무에 만족하고 애사심이 높은 직원이 고객에게 질 높은 서비스를 제공하여 매출을 높이는 역할을 하고, 그 결과 회사의 이익이 높아지면 주가도 올라간다는 논리다. 이런 변신 노력의 결과 1992년에 30억 달러의 적자를 보던 회사가 1993년에서 7억 5,000만 달러의 순이익을 내는 회사로 변신할 수 있었다.

그러면 매장 직원들의 직무만족도와 애사심을 어떻게 높일까. 시어스에서는 매장 직원들의 직속상사인 매니저를 비롯한 리더들의 행동이 중요하다고 봤다. 사람이 가치를 창출한다는 가정 하에서 부하직원들과 잘 소통하고, 권한을 위임하고, 팀워크를 만들어내는지를 평가하여 매니저를 뽑고, 인사고과를 하고, 보상을 주고, 승진을 시키는 방식을 택했다. 종업원을 근본으로 보는 경영을 실천한 것이다.

그 결과 더 좋은 사람들이 매장 직원이 되겠다고 지원하고, 기존직원들의 이직률이 낮아지고, 고객만족도가 높아지고, 회사의 이익과 주가도 높아지는 성과를 도출했다.

유교, 경영을 말한다

손기원(지혜경영연구소 대표)

1. 유교와 경영, 지금 왜 이슈인가?

지난 140년간 기업과 경영학은 인류의 문명과 풍요에 매우 크고 긍정적인 영향을 미쳤다. 수많은 사람들에게 도전과 창조, 성취의 기회, 그리고 삶의 터전을 제공했다. 그 과정에서 어느 시대나 조직 경영이 손쉬운 적은 없었다. 하지만 지금, 21세기 경영이 그 어느 때보다 심각한 위기를 겪고 있다는 점에 많은 사람들이 공감하고 있다.

경영의 위기와 그 원인

경영의 '구루(Guru)'라고 불리는 수만트라 고샬(Sumantra Ghoshal)은 만년에 "나쁜 경영이론이 좋은 경영관행을 파괴하고 있다"는 주제의 논문으로 경영학계에 큰 반향을 일으켰다. 또 개리 해멀(Gary Hamel) 런던 경영대학원 교수는 그의 저서 '미래의 경영'에서 "현대의 경영방식이 점점 더 시대착오적으로 보이는 이유는 무엇인가?"라고 자문한 후 "아마도 '경영의 종말(The end of management)'이 도래했기 때문일 것"이라고 자답했다.

이러한 내용이 진실이라면 경영과 경영학이 총체적인 위기에 처해 있다고 해도 과언이 아닐 것이다. 지금 우리가 겪고 있는 경영의 위기는 두 가지 형태로 나타나고 있다. 그 하나는 개별 조직들이 겪고 있는 수익성과 조직 생존의 위기고, 또 다른 하나는 기존의 경영 방식 또는 경영이론 자체에 대한 위기다. 후자는 '경영학의 위기'라고 해도 무방할 것이다. 그렇다면 그 위기의 근본 원인은 어디에 있는 것일까. 그 원인을 찾으면 해답의 실마리도 찾을 수 있을 것이다.

경영이 인간의 행복한 삶을 위해 존재하는 것이지만, 지나친 경쟁과 스트레스로 인해 경영 현장의 인간은 행복과 점점 멀어지는 느낌이다. 경영이 뜻대로 되지 않는 것은 경영, 그 자체의 문제에 있는 것일까.

맹자의 말을 들어보면 문제 해결의 실마리를 '인간의 마음'에서 찾아야 한다. 그는 '지언(知言)'을 말하면서 다음과 같이 말했다. "마음에서 생겨나 정치에 해를 끼치며, 그 정치에서 발로하여 일에 해를 끼친다. 성인이 다시 나오더라도 반드시 내 말을 따를 것이다 (生於其心 害於其政 發於其政 害於其事 聖人復起 必從吾言矣)."

맹자의 말에서 정치를 경영으로 바꾸고 현대적인 표현으로 재구성하면 "일이 뜻대로 되지 않는 것은 경영에 문제가 있기 때문이다. 경영이 뜻대로 되지 않는 것은 인간의 마음에 문제가 있기 때문이다"라고 이해할 수 있다. 경영을 나무에 비유한다면 '눈에 보이지 않는 뿌리가 온전치 못하다'는 데 그 위기의 원인이 있다고 할 것이다.

새로운 해법, 어디서 찾아야 할까?

20세기에 서구와 일본 기업을 벤치마킹하며 따라가기에 급급한 것으로 인식되었던 한국 기업들은 이제 오히려 일본인이나 서구인들의 학습 대상이 되고 있다. 그런 와중에 한류의 출연과 인문학에 대한 관심 증대 등 새로운 방향성이 감지되고, 실제로 새로운 해법을 모색하려는 노력도 한층 가속화 되고 있다.

이러한 현상은 상대적으로 무시되었던 '인간'과 '철학'을 회복하려는 움직임이며, 시대 흐름이 어떤 중대한 '변곡점(Inflection point)'을 맞이하고 있다는 증거라고 여겨진다. 역(易)의 관점에서 보자면 '물극필반(物極必反)', 즉 사물의 전개가 극에 달하면 반드시 반전한다는 원리로 이해할 수 있다.

경영의 위기 원인이 인간의 마음에 있고, 눈에 보이지 않는 뿌리가 온전치 못한 데 있다면 뿌리를 챙기는 것에서 답을 찾아야 할 것이다. 현대 한국의 경영도 서구식 경영의 원리를 그대로 수입했기 때문에 겉으로 드러나는 현상은 서구식 경영과 크게 다르지 않다. 하지만 '유교적 경영'과 '한국적 경영의 뿌리'에 나타나는 경영 원리는 이익보다 사람을 우선시 한다는 특징이 있고, 서구식 경영과 다른 독특한 기준이 있었다.

근래 서구에서는 '지식경영'의 새로운 대안으로 '지혜경영'의 필요성이 대두되고 있다. 그와 유사한 시기에 한국에서는 한국적 경영, 유교적 경영을 기반으로 새로운 경영원리를 모색하는 학자들이 생겨났다. 서구에서 지혜경영의 패러다임이 대두된 시기와 한국에서 '유교적 경영'이나 '한국적 경영'의 필요성이 제기된 시기는 거의 일치한다. 이는 새로운 경영 패러다임의 필요성이 요구되던 세기 전환을 전후하여 거의 동시에 일어난 현상으로서 결코 우연이 아니다. 모두 다 경영의 뿌리를 챙기기 위한 노력의 과정으로 이해할 수 있다.

지금 경영과 경영학이 위기와 한계에 직면하여 있는 한편, 지난 2500년간 동양의 정신문화를 이끌어 온 유교는 이 시대에 맞는 언어와 역할로 살아서 꿈틀거리는 학문이 되어야 하는 과제를 안고 있다. 이 상황에서 '유교적 경영'은 경영의 새로운 대안이나 보완책이 될 수 있다. 유교와 경영, 양자가 교감을 해 새로운 해법을 찾을 수 있는 시기가 도래했고, 그 방법을 찾을 수 있을 것이라는 기대도 커지고 있다.

2. 유교가 경영에게 하고 싶은 말

유교에 대한 일반의 이해는 유교의 실상과 상당한 차이가 있다. 그 원인은 유교가 시대적인 필요에 따라 재해석되고 변천하는 과정에서 왜곡되거나, 유교에 대한 피상적인 이해가 오해로 이어지는 데 있다.

유교에 대한 일반적인 오해

그 대표적인 것으로 유교는 이익을 경시하거나 배척하고 있다는 오해, 유교가 위계적 질서를 중시한다는 오해, 유교는 낡은 것이며 현대의 경영과 관계가 없을 것이라는 오해다. 이 같은 오해들을 풀어보자.

첫째, 유교는 이익을 경시하거나 배척하고 있다는 오해를 보자. 유교에 대한 일반의 대표적인 오해 중 하나는 유교가 이익 또는 경제적 측면을 경시하거나 배척하고 있다고 보는 것이다. 이런 오해가 생겨난 데는 그만한 이유가 있다.

논어에 따르면 공자는 "이(利)에 대해 드물게 말씀하셨다", 또한 공자는 "군자는 의(義)에 밝고 소인은 이(利)에 밝다(君子 喩於義 小人 喩於利)"고 했다. '대학'에서도 "덕(德)은 근본이고 재(財)는 말단이다. 근본을 외면하고 말단을 중시하면 백성들은 경쟁을 하게 되고 남의 것을 빼앗도록 유도하게 된다. 따라서 재물을 취하면 백성이 흩어지고 재물을 나누면 백성이 모인다"고 했다. 물질적인 것을 경시하고 정신적인 것을 강조하는 것으로 이해할 수 있다.

하지만 "덕(德)은 근본이고 재(財)는 말단이다"라고 하는 '덕본재말(德本財末)'의 원리는 조직의 리더에게 적용되는 말이다. 리더가 근본을 외면하고 말단을 중시하면 구성원들은 경쟁을 하게 되고 서로 빼앗는 일을 일삼게 된다. 따라서 리더가 재물을 취하면 구성원들이 흩어지고 리더가 재물을 나누면 구성원들이 모이게 된다는 뜻이다. 이 말 속에는 '리더는 덕(德)을 갖추고 구성원들에게 재(財)를 잘 나누라'는 의미가 들어있다.

논어에 나타나는 '선부후교(先富後敎)'의 원리가 이를 뒷받침하고 있다. 공자가 위나라로 갈 때 수레를 모는 염유와 대화하는 장면이 나온다. 공자가 "(백성이) 많구나"라고 하자, 염유가 말했다. "이미 많으면 또 무엇을 더 해야 합니까?" "부유하게 해주어야 한다"고 공자가 답했다. 염유는 또 묻는다. "이미 부유하게 되면 또 무엇을 더 해야 합니까?" 공자는 "가르쳐야 한다"고 답한다. 이는 조직의 리더가 그 구성원에게 행해야 할 우선순위의 기준을 제시한다. 구성원에게는 어디까지나 물질적으로 충족시켜 주는 것이 우선이다.

이 정도면 유학이 경제적인 측면을 경시하고 정신적인 측면만을 강조한다고 여기는 것은 오해임을 알 수 있을 것이다. 유학은 양자의 균형 상태인 '중용(中庸)'을 이상으로 여기는 입장으로 보는 것이 옳다.

둘째, 유교는 위계적 질서를 중시한다는 오해를 보자. 공자의 사상은 인간 본성에 대한 가정에 따라 성선과 성악으로 판이하게 해석되어 계승되기도 하고, 시대적 또는 정치적 필요에 따라 재해석되거나 변질 또는 왜곡되는 경우도 적지 않다. 그 대표적인 왜곡을 지적한다면 이른바 '삼강(三綱)'에서 비롯된 소위 '위계적 질서'에 관한 내용이라 할 수 있겠다.

전한(前漢) 때의 유학자 동중서는 삼강을 논하면서 군신, 부자, 부부의 도리를 음양의 도(道)로 설명했다. 그 후 "임금은 신하의 벼리요(君爲臣綱), 아버지는 아들의 벼리요(父爲子綱), 남편은 아내의 벼리다(夫爲婦綱)"라는 말이 고착화되고, 나아가 맹자가 말한 바람직한 인간관계의 다섯 가지 유형과 더불어 '삼강오륜'으로 지칭되었다.

혹자는 이것을 유교의 핵심으로 오인하기도 한다. 또한 사람들이 많이 이용하는 일부 국어사전에서도 유교가 '삼강오륜을 덕목으로 한다'고 언급함으로써 마치 삼강이 유교의 대표적인 덕목으로 분류되는 것처럼 오도하고 있다.

하지만 유교에서 모든 관계는 기본적으로 조화의 대상이지 상하위계를 가정하는 것이 아니다. 음양 또한 조화의 대상이지, 음이 양을 따르는 관계가 아니다. 군신, 부자, 부부의 관계를 상하위계의 관계로 보는 것은 공자나 맹자의 생각과도 거리가 멀다.

유교는 모든 사람이 똑같이 존중되어야 한다는 인간존중의 정신이 들어있을 뿐, 제왕적 또는 가부장적 사고는 유교의 본질과 거리가 많다. 그것은 단지 군자답지 못한 위정자의 통치 편의적 수단으로 유교를 악용한 것으로 밖에 볼 수 없다.

셋째, 유교는 낡은 것이며 현대의 경영과 무관할 것이라는 오해를 풀어보자. 많은 사람들이 유교 또는 유학을 '옛날 것', '낡은 것', '고리타분한 사상'으로 여기거나, '공자님 말씀'이라며 비아냥대기도 한다. 이러한 유교와 유학에 대한 선입관은 20세기에 특히 심했다.

하지만 앞에서 언급한 것처럼 이제 물극필반의 상황이 되었기 때문에 전통적인 정신문화와 인간존중의 사상이 새로운 대안이나 보완책을 제시해야 하는 상황을 맞이했다. 가장 대표적인 대안으로 유학이 꼽히고 있다. 옛것을 그대로 적용하는 것이 아니라 현대에 맞게 활용하는 것이기 때문에 바로 '온고이지신(溫故而知新)'이 되는 것이다.

유교가 아시아 기업에 적합할 수 있지만 글로벌 기업 경영에는 적합하지 않을 수도 있다는 오해도 있을 수 있다. 맹자는 "인(仁)하지 않고서 나라를 소유하는 자는 있으나, 인(仁)하지 않고서 천하를 소유하는 자는 없다(不仁而得國者有之矣 不仁而得天下未之有也)"고 했다. 유교적 가치관은 조직 규모가 클수록, 글로벌 대기업일수록 더 중요성이 크다고 하겠다.

최근 에드워드 로마르(Edward Romar) 미국 매사추세츠대 교수는 경영 위기의 해법을 유교에서 찾으며 "현대 기업들이 지속 가능한 발전을 하기 위해서는 반드시 유교적 윤리관을 받아들여야 한다"고 강조했다. 유교는 분명히 현대인의 삶에도 적용되는 원리이며, 또한 경영에도 매우 유용하게 적용될 수 있다. 유교와 경영을 함께 이해할 경우 그 필요성을 더욱 절감하게 된다.

유교가 경영에게 줄 수 있는 것

'20세기의 경영자'로 불리는 잭 웰치 전 GE 회장은 "당신이 만일 리더라면, 리더십은 당신에 관한 것이 아니라는 것을 인식할 필요가 있다. 그것은 팀을 만들고, 채용을 하고, 최고의 직원을 유지하는 것에 관한 것이다"라고 밝혔다. 서양에서 리더십에 대한 정의를 보면 대체로 웰치의 생각과 유사하다.

하지만 유학에서 리더십은 기본적으로 수신(修身)을 통해 덕(德)의 리더가 되는 것, 즉 '리더 자신에 관한 것'이다. 이와 같이 '유교적 경영'은 리더십 등에 있어서 서구식 경영과 다른 독특한 원리가 있다. 유학에는 성선설, 성악설과 같은 대치되는 이론도 있고, 학자들마다 강조점도 서로 다르다. 하지만 주요 경전인 '사서삼경(四書三經)'과 한국 유학에서 다음과 같은 경영학적 구조와 원리를 도출할 수 있다.

정(政)의 경영과 덕(德)의 리더

위키피디아(Wikipedia)에서는 경영을 "(모든 기업과 조직활동에서의) 경영은 사람을 함께 모으고 가용 자원을 효율적이고 효과적으로 이용하여 원하는 목표와 목적을 달성하는 행위"라고 정의한다. 일반적으로 경영을 말할 때는 기업 조직을 주된 대상으로 삼는다. 그것은 현실적으로 기업 조직의 경영이 가장 큰 이슈가 되고 있기 때문일 것이다. 그러나 가정, 비영리 조직, 국가 등 기업 외에도 여러 형태의 조직이 있고, 개인도 자기 경영의 대상이 될 수 있다.

유학적 경영은 서구식 경영과 그 시각이 상당히 다르다. '경영(經營)'은 집을 지을 때 토지를 측량하여 터를 잡음, 방침을 세워 사업을 함, 일, 사업 등의 의미로 사용된다(민중서림, 한한대자전, 2004).

'시경(詩經)'의 '대아(大雅)' '영대(靈臺)'편에 보면 경영은 '땅을 재고 푯말을 세운다'는 의미로, '경지영지(經之營之)'라는 말로 사용된다. 이것이 유교에서 사용한 첫 경영이라는 용어다. 영대편은 주나라의 최고경영자인 문왕의 덕을 찬양한 시인데 "서둘지 말라고 당부했으나 서민들이 아들처럼 와서 도와 며칠 만에 영대를 완성했다"는 내용이 나온다.

그것은 문왕이 부모처럼 덕(德)으로 경영했기 때문이다. 이처럼 유교에서는 '덕의 리더십'이 경영의 참 모습이다. 그래서 맹자는 영대편을, 문왕과 백성들이 기쁜 마음으로 함께 즐거워하는 '여민해락(與民偕樂)'의 상황으로 묘사하며 인용한 바 있다.

경영의 '경(經)'은 '공사의 측량을 한다' 또는 '기준을 정한다'는 의미다. 그리고 '영(營)'은 '집 같은 것을 짓는다' 또는 '사업을 영위한다'는 의미다. '경'의 원뜻은 '날줄'이다. 베를 짤 때 날줄과 씨줄이 여러 차례 교차하여 피륙이 만들어지는데, 그 과정에서 날줄은 언제나 변치 않는다. 거기에서 '경'은 '항상 변하지 않는 기준' 또는 '진리'의 뜻으로 파생했다. 그래서 성인의 말씀을 '경(經)'이라 한다.

따라서 경영에는 '항상 변하지 않는 기준을 정하고, 그에 따라 일을 도모하는 것'이라는 의미가 내포되어 있다. 측량을 제대로 못하면 집을 다 지어 놓고도 헛일을 하게 된다. 그와 마찬가지로 기준이 바르고 분명하지 않으면 사업이 제대로 될 수가 없다. 따라서 경영에서 무엇보다 중요한 것은 '경', 즉 기준을 바로 세우는 것이라 하겠다.

유학에서는 '수신·제가·치국·평천하(修身齊家治國平天下)'가 모두 경영이다. 유학에서 경영의 우선순위는 자기 경영, 가정 경영, 국가 경영, 천하 경영 순이다. 유학에서 경영의 시작은 '수신(修身)', 즉 자기경영이다. 기업이라는 조직이 없을 때는 국가경영인 치국(治國)이 중요했지만, 현대에는 기업이 주된 삶의 터전이 되었기 때문에 기업경영이 훨씬 더 중요해졌다.

따라서 수신·제가·치국·평천하는 현대적으로 표현하면 수신제가 다음에 기업(起業)을 추가하여 '수신·제가·기업·치국·평천하'라고 해야 할 것이다. 경영자의 입장에서 보면 치국을 반드시 거쳐야 하는 것이 아니기 때문에 '수신·제가·기업·평천하'라고 해도 좋을 것이다.

유학에서 강조하는 것은 '수신'이 가장 근본이 되며 '제가·기업(起業)·치국·평천하'는 말단이라는 점이다. 그 근본이 안정되지 않고는 말단이 제대로 경영될 수 없다고 하는 것이 유학에 있어서 경영의 핵심 포인트다.

'대학'에서 그 강조점을 이렇게 밝히고 있다. "천자로부터 서인에 이르기까지 하나 같이 모두 수신이 근본이 된다(自天子以至於庶人 壹是皆以修身爲本)." 이 말에는 자기 경영을 잘 하지 못하면 가정, 기업, 국가와 같은 조직경영을 잘 할 수 없다는 뜻이 내포되어 있다. 기업이나 국가조직은 가정의 확장된 형태라고 할 수 있으므로, 수신제가가 제대로 되면 더 큰 조직의 경영도 순조롭게 하는 토대가 마련되는 것이다.

그런데 유학이 생겨날 당시에는 기업조직이 없었기 때문에 조직경영의 원리는 주로 국가경영에 대해 언급하고 있다. 국가경영인 치국(治國)은 주로 '정(政)'으로 표현되고 있다. 여기서 국가경영의 원리인 정(政)을 기업조직의 경영에 원용될 수 있는가의 문제를 짚어볼 필요가 있다. 정(政)은 '바르게 하는 것', '바로잡는 것'을 의미한다.

논어에서 공자는 정(政)에 대해 다음과 같이 말했다. "정(政)은 바로잡는 것이니, 통솔하기를 바른 것으로써 한다면 누가 감히 바르지 않겠습니까?" "정(政)은 가까이 있는 자들은 기뻐하고 멀리 있는 자들은 오게 되는 것이다." "정(政)을 덕(德)으로써 하면, 비유컨대 북극성이 제 자리에 머물러 있는데 모든 별이 그에게로 향하는 것과 같다."

정(政)은 덕(德)의 리더가 바르게 경영을 하여 모든 이들을 행복하게 하는 것이기 때문에 정치뿐만 아니라 기업 등의 조직경영에도 통하는 말이다. 따라서 정(政) 또는 위정(爲政)은 경영 또는 조직경영과 동의어로 사용해도 무방하다.

한편, 유학에는 덕(德)의 리더, 즉 군자(君子)가 되는 길을 자세히 제시하고 있다. 유학에서 가장 중시하는 자기수양은 그 목표가 바로 덕의 리더가 되는 데 있으며, 그 핵심적인 도구는 경(敬)이다. 경(敬)은 공경하는 마음을 말하며, 나아가 '지금 현재 하고 있는 일에 마음을 집중한다'는 의미를 지니고 있다.

현대적인 표현으로는 '명상'에 가장 가까운 말이지만, 그 목적이 마음의 평화나 치유에 머무는 것이 아니라 궁극적으로 도(道)를 이루고 덕(德)의 리더인 군자가 되는 데 있다는 점과 퇴계를 비롯한 한국의 유학자들이 경(敬)을 강조하고 있다는 점에 특히 유의할 필요가 있다.

인(仁)과 중용(中庸)의 경영

군자, 즉 덕(德)의 리더가 실천하는 경영은 '인(仁)의 경영'이며 '중용(中庸)의 경영'이라 할 수 있다. 군자가 자기 수양을 통해 도달해야 할 외적인 목표는 안인(安人), 즉 타인을 행복하게 하는 것, 더 나아가 백성(모든 사람)을 행복하게 하는 것이다. 이는 군자, 즉 리더가 자기 경영을 넘어서 인간관계와 조직경영을 효과적으로 수행할 능력을 갖추어야 함을 의미한다. 유학에서 리더가 일반인과 다른 점은 자기 경영을 잘 하고, 그것을 기반으로 인간관계와 조직경영을 효과적으로 수행할 능력을 갖추고 있어야 한다는 점이다.

중용에서 "군자의 도(道)는 자기 자신을 근본으로 삼고, 백성들에게서 증명된다"고 한 것은 이와 같은 취지로 이해할 수 있다. 공자가 말한 '충(忠)'과 '서(恕)', '기소불욕 물시어인(己所不欲 勿施於人)', 즉 자기가 원치 않는 일은 남에게도 하지 말라는 것과 같은 원리다. 공자는 이와 같이 자기중심성을 극복한 마음의 상태를 '인(仁)'이라 했다.

논어에서 공자가 수제자인 안연에게 들려 준 인(仁)의 정의는 다음과 같다. "자기중심성을 극복하고 예(禮)로 돌아가는 것을 인(仁)이라 하는 것이니, 어느 날 자기를 극복하여 예로 돌아가면 온 세상이 인으로 돌아간다(克己復禮爲仁 一日克己復禮 天下歸仁焉)." 예(禮)는 전체와 조화를 이루는 삶의 행태를 의미한다. 자기중심성을 극복하고 전체와 조화를 이루는 상태인 예를 회복하면 온 세상이 자기중심성을 벗어나 조화로운 상태, 즉 '모두가 한마음'이 된다는 것이다.

일반적으로 군자라고 하면 도덕적인 측면만을 추구하고 경제적인 측면은 경시하는 사람으로 오해하는 경우가 많다. 하지만 군자는 경(敬)으로써 자기수양을 하는 것이 가장 우선이지만 그 다음으로는 자기수양을 통해 남들을 행복하게 하는 역할을 하는 사람이다.

군자가 남들을 행복하게 하는 수단은 앞에서 말한 선부후교(先富後敎), 즉 먼저 부유하게 해주고 그 다음에 가르치는 것이다. 특히 조직경영을 담당하는 군자에게 그 두 가지 역할이 필수적이라는 점을 유교에서 배울 수 있다. 군자 자신은 덕(德)과 재(財) 가운데 덕을 근본으로 삼아야 하지만, 경영을 행하는 군자가 조직구성원에게 정책을 시행할 때는 부(富)와 교(敎)를 챙기지 않으면 안 된다. 이것이 유교적 '중용(中庸)의 경영'이라 할 수 있다.

　유교에서는 군자가 이렇게 인(仁)의 경영, 중용(中庸)의 경영을 실천하면 경영이 저절로 이루어진다고 가르친다. 중용에서는 이를 '무위이성(無爲而成)', 즉 하는 바 없이 이루어낸다고 했다. 맹자는 "군자는 도를 얻은 자이기 때문에 도와주는 이가 많고 그것이 극에 달한 경우 온 세상 사람들이 그를 따르기 때문에 싸우지 않을지언정 싸우면 반드시 이긴다"고 했다. 이 또한 군자의 도에 따라 경영을 하면 반드시 성공한다는 뜻으로 해석할 수 있는 대목이다.

주역의 경영원리: 변화, 결단, 동기부여

　유교에서 경영은 수신에서 시작하여 평천하로 이어지는 과정이다. 한 분야에서 제대로 하여 뜻이 참되면 그것이 밖으로 드러나고 확장되어 결과적으로 온 세상의 질적 변화를 가져올 수 있게 된다. 지극히 참되면 앞일을 미리 예측할 수 있는 통찰력을 갖게 해주기 때문에 조직경영의 어떠한 어려움도 미리 대비하고 극복할 수 있도록 해준다는 의미이다.

　'주역'에는 이러한 요청에 답하는 변화와 결단의 경영원리가 들어 있다. 또 동기부여의 원리도 있다. 즉 "북치게 하고 춤추게 하여 신명을 다하게 한다(鼓之舞之以盡神)"는 주역의 문구가 바로 그것이다.

이 때 '신(神)'은 한국인 특유의 정서인 '신명'의 의미와 같은 것으로 이해할 수 있다.

퇴계와 율곡의 한국 유교적 경영

퇴계와 율곡은 한국 유학의 양대 산맥으로 일컬어진다. 퇴계는 '수양철학'을, 율곡은 정치적 '실천철학'을 완성했다. 경영의 관점에서 보면 퇴계의 수양철학은 자기 경영의 철학으로써, 율곡의 정치적 실천철학은 조직 경영의 철학으로써 각각 중요한 의미를 지닌다. 따라서 한국 유교적 경영을 이해하려면 먼저 퇴계와 율곡 사상의 핵심을 이해해야 할 것이다.

퇴계는 인간의 마음과 그 수양법에 대해 유학의 관점에서 심도 있고 정밀하게 탐구했는데, 그 핵심은 경(敬)의 사상이다. 퇴계의 경사상은 그의 대표적 저술인 《성학십도(聖學十圖)》에 잘 나타나 있다. 성학십도는 성군이 되기 위한 유학의 수양철학을 열 가지 그림과 설명으로 작성한 저술이다. 퇴계는 성학십도 서문에서 리더가 먼저 반드시 입지(立志)를 해야 함을 강조했다. 입지는 도를 이루겠다는 뜻을 세우는 것을 의미한다.

그러고 나서 공경스럽고 엄숙하게 마음을 한곳에 집중하는 경(敬)으로써 수양을 해야 한다는 점을 무엇보다 강조했다. 성학십도는 대부분의 내용이 인간의 마음에 대한 이해와 경으로써 그 마음을 수양하는 방법으로 구성되어 있다.

성학십도 서문에 경으로 마음을 닦는 방법과 사례를 다음과 같이 설명했다.

"그 방법은, 반드시 마음을 보존하여 엄숙하고 순수하게 하고, 진리를 탐구하여 학문하고 생각하고 판단하는 데 두어야 한다. (중략) 하나의 그림에 대해 생각할 때는 마땅히 그 그림에 마음을 집중해서 마치 다른 그림이 있다는 것을 모르는 것처럼 해야 한다. 한 가지 일을 익힐 때도 마땅히 그 일에 전념하여 마치 다른 일이 있다는 것을 모르는 것처럼 해야 한다."

퇴계는 자기 수양의 방법을 자세히 설명한 반면 조직 경영에 대해 거의 언급하지 않았다. 그 이유는 자기 수양이 잘 되면 조직 경영이 저절로 이루어진다는 관점을 갖고 있었기 때문이다. 그는 경(敬)을 통해 마음이 하나의 근원인 진리에 이르면 조직 경영은 그 안에서 저절로 해결된다는 취지로 다음과 같이 말했다.

"참됨이 많이 쌓이고 노력을 오래 기울이면 자연히 마음과 진리가 서로 머금게 되어 자신도 모르는 사이에 융회하여 관통하게 된다. (중략) 또 계속 부지런히 힘써 나의 재능을 다하면, '인을 어기지 않는 마음'과 '나라를 다스리는 사업'이 모두 그 가운데 있게 될 것이다."

마지막 부분의 '나라를 다스리는 사업'이 곧 조직 경영에 해당되는 것이며, 자기 수양으로 지혜와 도를 이룩하면 조직 경영이 저절로 이루어진다는 뜻으로 일축해 버린 것이다.

율곡 역시 자기 수양이 무엇보다 우선 되는 것이라는 점을 누차 강조했다. 하지만 그는 한 걸음 더 나아가 '지치(至治) 철학', 즉 조직 경영의 측면을 자세히 다루었다. 그 내용은 율곡의 대표 저술인 《성학집요(聖學輯要)》에 잘 나타나 있다. 그는 조직 경영의 구체적인 방법과 과정으로, 어진 사람을 채용하는 '용현(用賢)', 경청하고 존중하는 '취선(取善)', 때에 맞게 힘쓰는 '식시무(識時務)', 타인을 행복하게 하는 '안민(安民)', 바른 교육을 펼치는 '명교(明敎)' 등을 제시했다.

한편 그는 성학집요 '수기(修己)'편에서 자기 수양의 과정과 효과를 상세히 기술하고 있다. 그 내용의 핵심은 퇴계의 수양철학과 유사한 측면이 있다. 그는 퇴계와 마찬가지로 '입지(立志)'가 자기 수양의 시작임을 밝혔고, 경(敬)에 대하여 "경은 성학의 시작이자 끝이다"라고 말해 자기 수양법의 핵심임을 강조했다. 또한 그는 자기 수양을 통해 '교기질(矯氣質)'이 이루어져야 함을 강조했는데, 이것은 곧 자기중심성을 극복하여 인(仁)에 이르는 것을 뜻한다.

퇴계와 율곡은 조직 경영 원리에 있어서 서로 다른 견해를 보이고 있는 것처럼 보이지만 그 경영학적 구조의 측면에서 보면 양자는 상충되는 관점이라기보다 상호보완적이라고 보는 것이 더 타당하다. 마치 현대 경영학에서 원론과 여러 각론이 상충되지 않고 상호보완적인 역할을 하는 것과 유사한 면이 있기 때문이다.

요컨대 조선 유학의 경영학적 구조는 '자기 경영이 근본인 동시에 조직 경영의 전제가 된다'는 유학적 경영의 기본 원칙에는 변함이 없지만, 그 세부 내용에는 독특한 특징이 있다. 퇴계와 율곡이 말하는 경영 과정의 핵심은, 먼저 입지(立志), 즉 도를 이루겠다는 뜻을 세우고, 다음은 경(敬)으로써 리더 자신의 마음을 가꾸며, 그 결과 기질의 변화를 가져오는 3단계 프로세스를 거친다.

이를 통해 자기 수양을 완성하고, 궁극적으로 덕(德)의 리더가 되어 인(仁)의 경영을 실천하는 것으로 이어진다는 점 등에서 공통적인 특징을 지니고 있다. 한국 유학에서는 순자의 성악설을 배제하고 맹자의 성선설(性善說)을 기본 가정으로 채택하고 있다는 점도 강조될 필요가 있다.

서구식 경영과 유교적 경영의 비교

유교적 관점에서 서구식 경영을 조망하고 양자를 비교하면, 다음과 같이 간략히 요약할 수 있다.

구분	서구식 경영	유교적 경영
사람	자원, 관리 또는 마케팅의 대상 (물질 우선)	존중의 대상, 성선(性善) (사람 우선)
관계	개인주의 (자유로운 경쟁)	인(仁) (공동체적 관계)
의사결정 기준	효과, 효율, 극대화	중용(中庸), 의(義)
리더십	카리스마적 리더십에서 진실의 리더십까지 다양한 유형	군자, 덕(德)의 리더십
리더의 1차적 관심	구성원과 고객의 마음 움직이기 (동기부여, 마케팅, 조직경영 우선)	내 마음 바로잡기 [수신, 경(敬), 자기 경영 우선]
경영 (목적)	조직의 목표 달성, 의사결정과 실행 (이익 극대화)	수신제가치국평천하 [지어지선(止於至善)]
특징 (장점)	전략, 각론, 사례 중심 (과학적 지식경영)	철학, 총론, 원리 중심 (인간적 지혜경영)
효과 (가설)	효과가 빠르게 나타나지만 지속성 약함	효과가 느리게 나타나지만 오래 지속 [무위이성(無爲而成)]

3. 유교와 경영이 함께 가야 할 길

유교와 경영이 대화를 하고자 하는 이유는 '한국적 경영'을 정립하기 위한 것이다. 그렇다면 먼저 '한국적 경영'의 개념을 파악할 필요가 있다.

한국적 경영(학)의 정립

'한국적'이라는 말의 사전적 정의는 '한국에 알맞고 한국의 특징을 보여주는, 또는 그런 것'이다. 그렇다면 '한국적 경영'은 '한국에 알맞고 한국의 특징을 보여주는 경영'이라고 정의할 수 있을 것이다. 한국적 경영이 되려면 '한국에 알맞은 것'이어야 하고, '한국의 특징을 보여주는 것'이어야 한다는 두 가지 조건을 충족해야 한다.

근래 한국적 경영을 '인간존중'이나 '정(情)' 또는 '신바람' 등의 차원에서 논하는 학자들이 늘어나고 있지만, 어떤 경영이 '한국에 알맞은' 동시에 '한국의 특징을 보여주는' 경영인가를 밝히는 것은 쉬운 일이 아니다. 그것을 제대로 밝히기 위해서는 한국 사상 전반을 제대로 이해하는 것이 우선되어야 한다.

한편 21세기 한국 기업들은 '고객중시경영', '창조경영', '정도경영', '행복경영' 등 새로운 경영이념을 제시하고 있는데, 은연중에 한국적 경영의 뿌리에 맞닿아 있는 것으로 추측된다. 이러한 근거들은 한국적 경영(학)을 정립하는 기초가 될 것이다.

한국식·서구식 경영의 통합 모델

필자가 개발한 '한국적 경영의 뿌리'와 서구식 경영의 통합 모델을 간략히 소개하고자 한다.

통합 1단계: 경영의 진리(기준점) 찾기

서구경영학의 대가인 피터 드러커와 게리 해멀은 경영의 자연법칙을 부정한다. 서구식 경영의 입장에서 그 명제는 참이지만 한국적 경영의 뿌리에서는 반드시 그렇지 않다.

경영의 '경(經)'은 '항상 변하지 않는 기준' 또는 '진리'를 의미하며, 경영의 참뜻은 진리를 기준으로 사업을 영위하는 것이다. 따라서 한국적 경영의 뿌리에는 다음과 같은 변치 않는 경영의 기본 가정이 있다.

> **경영의 제1기준점** 사람은 누구나 평등하고 가장 존귀한 존재다.
> **경영의 제2기준점** 리더는 남과 한마음이 되어 널리 세상을 이롭게 해야 한다.
> **경영의 제3기준점** 리더에게 가장 우선시 되는 것은 체계적인 '자기수양'이다.
> **경영의 제4기준점** 한 마음이 참되면 경영은 의도하지 않아도 저절로 이루어진다.

통합 2단계: 실현가능한 21세기 경영철학 재정립

경영의 철학적 기반 재정립은 '한국적 경영의 뿌리'에 근거하여 그 기준점을 정하되 실현가능한 방법에서부터 시작해야 한다. 예컨대 한국적 경영의 뿌리를 철저히 적용하여 '덕이 없는 소인은 경영자의 자격이 없고, 자기 경영부터 철저히 하여 군자가 되어야 경영자로서 자격이 생긴다'고 한다면, 거의 대부분의 경영자가 사표를 내야 하는 상황이 벌어질 수도 있다. 그렇게 되면 기업 경영이 마비되는 결과가 초래되기 때문에 현실성이 없다는 비판을 면하기 어렵다.

이러한 차원에서 서구식 경영과 한국적 경영의 뿌리를 비교하면서 실현 가능한 21세기 경영철학을 재정립할 필요가 있다. 사람과 물질의 조화, 덕과 변혁의 군자 리더십, 자기경영과 조직경영의 조화(병행), 적정 이윤과 지속적인 성장 등이 그 내용이 될 수 있다.

통합 3단계: 글로벌 경영의 통합 모델

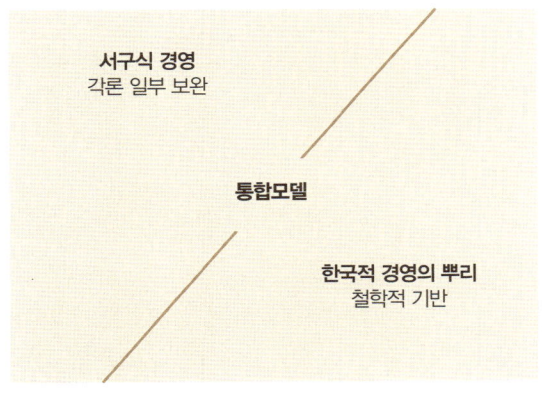

서구식 경영과 한국적 경영의 뿌리는 어떤 측면에서 상충하거나 상호 긴장과 대립의 관계라고 볼 수 있지만, 그와 동시에 상호 보완적인 관계다. 달리 표현하면 양자는 음양 조화의 관계이며, 마치 태극의 원리와 같다고 할 수 있다.

한국적 경영(학)의 비전과 과제

경영의 새로운 통합 모델이 정착되었을 때 지혜경영의 선순환이 시작될 수 있다. 필자가 개발한 '지혜경영의 선순환 모형'을 소개하면 다음과 같다.

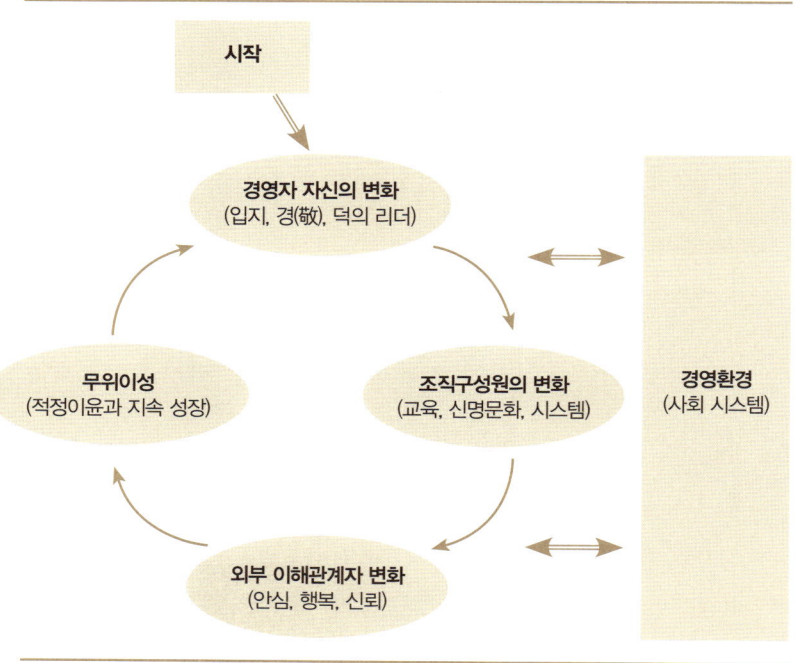

적정이윤과 지속 성장을 도모하는 지혜경영의 선순환 모형이 조직 경영에 가장 효과적이라는 것을 인식하는 경영자가 늘어나면 다른 조

직들로 확산될 것이다. 그 결과 한국적 경영은 '한국에 알맞은 경영'이 될 수 있을 뿐만 아니라 나아가 '인류에 알맞은 경영' 또는 어쩌면 '경영의 부활'을 잉태한 씨앗이 될 수 있을 것이라는 기대를 해본다.

한국적 경영(학)을 정립하여 한국 기업에 적용하고 나아가 글로벌 경영원리로 정착하려면, 과학적이고 체계적인 연구를 통한 검증, 교육프로그램 개발, 국내외 문화적 확산 등의 과제를 풀어나가야 한다. 특히 이미 조직 현장에서 이에 대한 수요와 공급이 이루어지고 있는 상황에서 일선 대학에서도 관련 학과목의 신설과 교육 프로그램을 개발하는 것이 시급하다. 학과목의 내용은 '유교경영학', '유학적 리더십', '한국적 경영학', '한국인 리더십', '비교경영철학' 등에서부터 시작되어야 할 것이다.

더 읽으면 좋은 책

- 게리 하멜, 권영설 외 2인 역,《경영의 미래》, 세종서적, 2009.
- 손기원,《이젠 지혜경영이다》, 지혜미디어, 2005.
- 손기원,《공자처럼 학습하라》, 새로운 제안, 2012.
- 이기동,《대학·중용강설》외 사서삼경시리즈, 성균관대학교출판부, 2007.

미니박스 ⑧

로레알의 열린 대화 공간

로레알은 거금을 아끼지 않고 직원들의 모임을 통한 교류를 돕는 것으로 유명하다. 로레알에는 건전한 커뮤니케이션 시스템이 갖춰져 있지만 그보다 자랑스러워하는 것은 회의제도다.

로레알은 10여 년 전부터 본사에 '대결의 방'이라는 공간을 두고 있다. 이 방에 초대된 사람들은 그들의 전략을 집행위원회와 함께 논의한다. 여기에서는 불필요한 형식들은 모두 제거된다. 이곳에서는 직급도, 성별도 없다. 관료주의자도 없고, 책임을 미루는 경우도 없다. 오로지 열린 마음으로 전략적인 대화를 하는 데만 집중한다.

이 대결의 방은 집행위원회에 시장의 신호에 대한 풍부하고 현실감 있는 시각을 가져다 줬다. 또 직원들은 어려운 문제들을 논의하면서 전략가로서 성장할 수 있었다. 직원들은 프랑스 본사에서 교육받는 것을 매우 큰 인센티브라고 생각한다. 성과가 뛰어난 매니저들은 교육을 받으면서 기술도 배우고 내부 업무관계를 구축할 수 있다. 그런데 그보다 더 큰 부분은 고위층과의 커뮤니케이션이다.

로레알은 젊은 직원들을 계속 승진시키고 잠재력이 풍부한 직원들을 다른 나라로 파견해 경험을 쌓도록 한다. 이들이 직업 교육과 발전 계획을 세우고 미래 고위 관리자로 자라도록 돕는다. 이것이 세계 각지에서 로레알이 추진하는 인재 현지화의 핵심이다. 또 직원들에게 상상력, 창의력을 갖추고 다른 사람의 반대를 두려워하지 말라고 요구한다. 또 트렌드 산업인만큼 직원들의 안목도 다른 사람들보다 앞서고 의지력도 있어야 한다고 강조한다.

집필진

현대 경영의 문제점과 유교적 가치경영 ... 15

류수영(柳受怜)
- 충남대학교 조교수(경영학 박사)
- 논문
  〈한국인의 유교적 가치측정문항개발연구〉, 인사조직연구, 제15권 제4호, pp. 171-205, 2007.
  〈군자적 리더십의 개념·측정·효과성에 관한 연구〉, 서울대학교 박사학위 청구논문, 2009.
  〈집단구성의 다양성과 군자적 리더십이 집단성과에 미치는 영향: 군자적 리더십의 조절효과 검증〉, 한국심리학회지: 산업 및 조직, 제25권 제1호, pp. 27-58, 2012.

공자에게 경영을 묻다 ... 52

배병삼(裵柄三)
- 영산대학교 교수(정치학 박사, 정치사상 전공)
- 저서
  《우리에게 유교란 무엇인가》, 녹색평론사, 2012.
  《공자, 경영을 논하다》, 푸르메출판사, 2012.
  《한글세대가 본 논어》(전 2권), 문학동네, 2002.
  《논어, 사람의 길을 열다》, 사계절, 2005.
  《풀숲을 쳐 뱀을 놀라게 하다》, 문학동네, 2004.

상인, 유학을 실천하다: 중국 상인과 유가문화 ... 85

이화승(李和承)
- 서울디지털대학교 중국학과 교수(대만국립사범대학교 역사연구소 문학 박사)
- 저역서
  하오옌핑 저, 이화승 역,《중국의 상업혁명》, 소나무, 2001.
  이화승,《중국의 고리대금업》, 책세상, 2007.
  리궈룽 저, 이화승 역,《제국의 상점》, 소나무, 2008.

개성상인의 경영이념 ... 116

김성수(金聖壽)
- (현) 경희대학교 경영대학 명예교수(경제학 박사)
  (사) 한국기업경영종합연구원장
  한국경영사학회 회장 역임, 한국윤리경영학회 회장 역임
  한국기업경영학회 회장 역임
- 저서
  《21세기 글로벌 리더십 개발》, 탑북스, 2010.
  《21세기 청렴형 윤리경영론의 콘서트》, 탑북스, 2011.
  《왜 삼성인가》, 비즈니스맵, 2012.
  《21세기 뉴패러다임 글로벌 전략경영》, 탑북스, 2012.

혜강 최한기의 인간경영 ... 143

박성수(朴晟洙)
- 전남대학교 경영학부 교수(경영학 박사)
- 저서
 《디지로그시대의 인적자원관리》, 박영사, 2011.
 《기술경영을 위한 인사조직론》, 전남대학교출판부, 2011.
 《한국을 빛내는 CEO》, 명경사, 2004.

살아 있는 경영의 신, 이나모리 카즈오의 경영철학 ... 173

임외석(林外錫)
- 가천대학교 교수(경영학 박사)
- 저서
 《에너지 산업입문》, 웅보출판사, 2009.
 《2011 한국을 빛내는 CEO Ⅲ》, 한국전문경영인학회, 2011.
 《인적자원관리》, 도서출판 범한, 2012.

군자 리더십, 기업 경영에 적용 가능한가 ... 195

이경묵(李京黙)
- 서울대학교 경영전문대학원 교수(펜실베이니아 대학교 경영학 박사)
- 저서
  《삼정피앤에이의 변신: 육체노동 기업에서 지식노동 기업으로》, 한국노동연구원, 2009.
  이경묵 외, 《21세기 매니지먼트 이론의 뉴패러다임》, 위즈덤하우스, 2008.
  이경묵 외, 《뉴패러다임 경영혁신: 재일화재해상보험㈜》, 한국노동연구원, 2007.

유교, 경영을 말한다 ... 224

손기원(孫基元)
- 지혜경영연구소 대표[한양대학교 경영학 석사, 성균관대학교 철학 박사(유교철학)]
- 저서
  《이젠 지혜경영이다》, 지혜미디어, 2005.
  《지금 행복해야 행복한 거야》, 지혜미디어, 2009.
  《공자처럼 학습하라》, 새로운 제안, 2012.

CEO, 공자에게 길을 묻다

초 판 1쇄 2013년 1월 9일

엮은이 한국국학진흥원 국학연구실
지은이 류수영, 배병삼, 이화승, 김성수, 박성수, 임외석, 이경묵, 손기원
펴낸이 성철환　**담당PD** 이경주　**펴낸곳** 매경출판(주)
등　록 2003년 4월 24일(No. 2-3759)
주　소 우)100-728 서울 중구 필동1가 30번지 매경미디어센터 9층
홈페이지 www.mkbook.co.kr
전　화 02)2000-2610(편집팀) 02)2000-2636(영업팀)
팩　스 02)2000-2609　**이메일** publish@mk.co.kr
인쇄·제본 (주)M-print 031)8071-0961

ISBN 978-89-7442-897-6(03320)
값 15,000원